我らが「湯布院・楽塾」の最良の日々

――至高のドイツ・クラシックへの誘《いざな》い――

まえがき

筆者は本書に著わしたことに先立ち、定年に達する時期が待ちきれず、わずかながらも定年前に、三〇余年勤めた企業を蛮勇を奮って辞し、まず福岡にて子どもたち（小・中・高校生）対象の、ただし、ちまたに溢れる予備校然とした、ありふれた塾とは一線を画する塾をプロデュースしましたが、そして、そのこと自体が筆者のいわゆる自己実現でもあったのですが、受験勉強に狂奔する時勢には逆らえず、わずか三年で旗を降ろさざるをえませんでした（その記録がほかならぬ前著『余生は湯布の山懐で』（文芸社）でした）。

しかし、少なくとも定年退職の約一〇年前から――大げさに言えば、もの心ついてからの全生涯をかけて彫琢《ちょうたく》した、クリスチャニティをバック・ボーンとする人生哲学――「三たい主義」[*一]を具現化した挑戦だっただけに、福岡だけの挫折であっさり幕引というわけには参らず、軸足の置きどころ、事業化の順序などを若干変更して、新天地の湯布院で、新しい千年紀の始まりの年である二〇〇一年に再挑戦を試みました。いま「軸足の置きどころを変えて」と申しましたのは、最初の実践地たる福岡では「三たい」の内の「お役に立ちたい」一つに軸足を置き、あと二つはしばらくお預けにして臨みましたが、この状態は長期にわたればいかにもいびつ、とりわけ老年期においては偏重に過ぎます。

よって、新天地の湯布院では世間並みに、「楽しみたい」も目標の一つに加え、「お役に立ちたい」「楽しみたい」の二つに軸足を置くことに変更し、また事業化の順序も福岡ではまず子ども向けの塾を先行させ、一息入れて成人向けの塾をフォローさせたのに対し、ここ湯布院では地域がら、成人向けを先行させ、子供向けは後続としました（しかし、遺憾ながら、後者は機が熟さず、第一期の三年では立ち上げるまでには至りませんでした）。本書は、一応、所期の目的を達してひとまず幕を降ろした、成人向けのボランタリー啓蒙活動「湯布院・熟塾」の第一期三年間の記録です。

つぎに、その「湯布院・熟塾」の設立コンセプトについて述べさせていただきます。ひと言でいえば、子ども向け同様、大人向けにも教養教育を提供するためでした。それでは、なぜ教養教育なのか？　前著第二章「何ゆえに子供たちへの教育なのか？」で述べた理由と全く同じことです。日本の公教育は明治期に体制を組むに際して、それまでになかった「実用教育」を取り込む代わりに、それまであった「教養教育」をバッサリ切り捨ててしまいました。教育は右の二つが揃って初めて完全になるのです。いずれか一方を欠いては、完全な教育とは言えません。現在、生存する日本人はすべて、子供だけでなく大人も、よほどそのことを自覚して独学で、それを補った人でない限り、はばかりながら教育ある人とは言えません。よって、その欠落を……私自身そう高いレベルとは申せませんので、あまり高いレベルの教育は提供できかねますが、地方向けの限られた範囲内の、そこそこのレベルの教育なら、不肖、私でもできるのではないかと考えたしだいです。実行に移すに際しては、対象に何を選ぶか、そして対象が複数になった場合、ただ漫然と並べるのではなく、何を基軸＝中核にして提供すべきか、時間もかけ熟考もして、まず対象には「文学」「映画」「音楽（クラシック音楽）」の三つを選び、基軸には日本のインテリ層でも最も苦手とするものであり、私が運命的出逢いをした恩師の張先生の影響もあり、ほかならぬ「クラシック音楽（より厳密にはドイツ・クラシック）」を据え、[*二]ほかの二つはそれを補完するよう両脇を固めました。

また、このような設立経緯ですから、「湯布院・熟塾」活動そのものにおいても、ということはこの本のそこここにも、私の当塾に対する運営理念が一貫して流れていますが、本書の冒頭に当たり、そのことにつきましても、少々触れておきたいと思います。

音楽を語るにしろ、映画を語るにしろ、文学を語るにしろ、切り口はそれこそいろいろあります。最も安易にして無難な仕方は「範疇論」でもって語ることです。つまり、クラシックも音楽、シャンソンも音楽、カンツォーネも、ジャズも、演歌も音楽というスタンスで語る仕方です。それに対して、最も難しく波瀾含みの仕方は、それを「価値論」でもって語ることです。私は音楽に限らず、他の映画においても、文学においても、あえて、狭き門から入るかのような、この「価値論」でもって、アプローチしています。音楽、映画、文学などおよそ芸術というものに接する者にとって、価値高きものとはいったい何でしょうか？　それもそれに接して楽しかったら、面白かったら、癒されたら、それでよいのでしょうか？　それもちろん価値の一つではありましょう。しかし、それだけでは大した価値とは言えないのではないでしょうか？　最も価値高きものとは、ひと言でいえば、それに接する者の人生哲学＝精神の形成や構築に資する、あるいは係わるものということになるのではないでしょうか？　ほんのひと言のつもりが少し長くなりました。ここでの、これ以上の詳論は時期尚早にして場違いと思われますので、この程度にとどめますが、冒頭に当たり、最低限そのことだけお断りさせていただきます（詳しくは巻末資料三―二ご参照）。

なお、一冊の本にまとめるに際しましては、実際は補完的立場の「文芸例会」「映画例会」が一年度につき三例会ずつあったのですが（巻末資料一ご参照）、煩雑を避けるため、すべて割愛して本丸たる「音楽例会」一本に絞りこみました。また、そういう事情から、実際の塾名は、「湯布院・熟塾」と称していたのですが、本書の題名としては、音楽の塾であることを連想できるよう、「湯布院・楽塾」としたことを付記しておきます。

二〇〇五年　錦秋

黄・紅葉映える湯布院にて　苅田種一郎

註記

＊一　主義そのものは、前掲拙著でも触れましたように、独創で思い至っていたのですが、後に、聖路加国際病院理事長兼名誉院長でいらっしゃる日野原重明先生が誰にでも分かる平易な表現で、「楽しみたい」「やってみたい」「お役に立ちたい」の三つの「たい」に生きることを「三たい主義」という新造語でスマートに表現されているのを知り、以後これを借用させていただいています。

＊二　「お役に立ちたい」の具体的活動として、成人向けとしては、クラシック音楽啓蒙活動を中核とする「生涯教養教育」活動にしたことにつきましては、現在も自宅のある兵庫県西宮市上甲東園地区に昭和四五年に引っ越したのを機に、近くで活動されていた、母校の関西学院大学の音楽美学の教授でいらした張源祥先生に出逢い、先生のお気持ち・お考え・ご尽力（詳しくは巻末資料一ご参照）にいたく感激し、それ以来二〇年余、弟子よろしく在籍企業たる住友化学工業の任地のほとんどで、クラシック音楽啓蒙活動をしてきたのが下敷きになっております。もし、若かりし頃、張先生にお逢いしていなかったら、私は今回の人生の岐路に立って、いまとは違った道を選んでいたかもしれません。そういう意味では、張先生との出逢いは、私にとってはまさに運命的出逢いであったと言えましょう。

目次

目　次

春のわが山荘（東急電鉄PR誌『憩楽夢《こらむ》』より）

プロローグ…………春の湯布、つれづれ

山荘のデッキ上の著者夫妻（東急電鉄 PR 誌『憩楽夢《こらむ》』より）

当時、ともに六〇歳だった私たち夫婦の長年の夢が叶って、二〇〇〇年の夏の盛りに関西から当地の湯布院に生活の軸足を移しました。以来三年余、冬季など時には厳しいこともありましたが、四季折々に湯布の自然の優しいもてなしを受け、阿蘇くじゅう国立公園のまっただなかに住まわせてもらっているという実感がしております。その間におおぜいの方々から「（私たち夫婦は二人とも、関西生まれの、関西育ちゆえ）あなた方にとっては縁も所縁《ゆかり》もない湯布院をなぜついの住処《すみか》に選んだの？」とか、また私が地域の皆さんに、私がこれまでに先だち諸氏のお陰をもって得ることができた知見をお裾分けするような会活動「湯布院・熟塾」を主宰しているものですから（その活動記録がほかならぬ本書）、「なぜ、そのような会を主宰する気になったの？」というような質問を受けました。ごもっともなことと思います。どちらも、日本人にはあまり多くあるケースではありませんから。したがって、その辺《あた》りの事情からまずお答えすることにしたいと思います。

それでは、最初の質問にお答えすることからスタートさせましょう。先に私たちはともに関西生まれの、関西育ちと申しましたが、厳密には私が兵庫県、妻は大阪府の生まれ、育ちです。いずれも神戸、大阪という日本有数の個性的な都市を持っています。したがって、私たちはもう都会というものに対する憧れはさほど強くはありません。むしろ、これからは自然や景観に恵まれた、それも国際級の、特優の自然や景観に恵まれたところという観点から、まず北海道、信州、九州の三地区を第一次選考で選び出し、ついでそれらの中から私たち固有の諸条件に最も叶う「九州」地区を、さらにはその中からほかならぬ「湯布院」を最終的に選んだというしだいです。狭い日本とはいえ、地方による、あるいは地域による差異はけっこうあります。私たちは、隣り同士とはいえ、性格的には全くと言ってよいほど異なる大阪と神戸の両近代都市を、そして京都と奈良という両古都をこよなく愛してきました。そして、今も変わらず愛してはいますが、いかに生まれ、育ったところが素晴らしいところとは言え、私たちの「生」を、それも一回しかない「生」を関西だけで終えてはあまりにもったいないと思ったのです。最低もう一ヵ所ぐらい、関西とは性格的に全く異なるところを愛でたいものと思ったのです。

「湯布院・熟塾」熟生の皆さんと（コミュニティ誌『モグモグ』より）

それではつぎに、二番目のご質問に対する答えに移りましょう。ひと言でいえば、私の人生哲学＝「三たい主義」、――すなわち、「お役に立ちたい」「やってみたい」「楽しみたい」のうちの「楽しみたい」の具現化である「山荘での静かで快適な暮らしを楽しむ」とともに、「お役に立ちたい」の具現化である「地域の皆さんに貢献するボランタリー活動を」というのが、そのコンセプトです。

もう少し具体的に申し上げれば、定年後は、わが山荘のある湯布院は南国の九州にあるとは言え、冬季はけっこう厳しいため、原則、冬季のみは関西のタウン・レジデンスたる旧宅に帰って越冬するものの、他の三シーズンはカントリー・レジデンスたる山荘に住まって九重の山野に遊びつつ、月に一、二回は自らの山荘で地域の同好の士と、妻の手作りの茶菓でもともにしてもらいながら、クラシック音楽・映画・文芸などの芸術作品をともに鑑賞し、ともに語り合って地域の物質文化ならぬ精神文化の向上にいささかでも「お役に立ちたい」というものです。

越して来て三年余、当地の自然や景観の想像以上の素晴らしさに心底満足しています。その上、素晴らしかったのは、お目当ての自然・景観だけではありませんでした。土地の人たちの飾らぬ明るい人柄、時に臨んでのさりげない親切、他者への謙虚な心配り等々、日本にもまだこんなに素晴らしい日本人が実在したのかと、大げさなようですが本当に驚いています。つぎに実例をあげましょう。

二〇〇一年の五月のことです。当地の湯布院で開催された第四回文化・記録映画祭（真夏の八月に開催されている、有名な「ゆふいん映画祭」とは別物で、本映画祭は毎年五月の最終週に開催されています）の出し物の中に「筑後川」という映画がありました（ヴィデオ版が紀伊国屋書店から製作・販売されています）。自然の恵みのような、神掛かっていえば、神の賜物のような筑後川を、流域の人たちが慈しむように利用し、感謝の念をこめて大事に、大事に維持管理されている様《さま》が、「田主丸」という筑後川中流域の人たちの目を通して、よく描かれていました。製作者苦心の作と思わせる、情感溢れる大変素晴らしい映画でした。以前に同種映画で、かのアニメ映画の名匠・宮崎駿監督の制作作品（題名「柳川掘割物語」、ヴィデオ版販売元バンダイ・ビジュアル）を観たことがありましたが、そのとき同様、同川流域

「ゆふいん文化・記録映画祭」のチラシ

に住む人たちの長年にわたる知恵・工夫・努力に頭が下がる思いがしました。至近距離に住む者として共感するところ大でした。映画鑑賞後、監督ほかとのトーク・ショウもありましたが、これがまた、映画誕生の経緯や裏話などがよく分かって大変有意義でした。

しかし、良かった、良かったといっても、このような抽象的な表現ではもひとつよく分からないなと思われるでしょうから、つぎに具体的な感動シーンを二つばかりご紹介することにします。

最初の一つは、畑作を生業としている若い男の人の話です。台風の大水で用水路が用をなさなくなったとき、時あたかも稲作の人たちにとっては、一年中で一番の繁忙期でした。一段落つき、皆で補修が可能になる日まで、件《くだん》の若い男の人は自分の畑の作物に必要な水を、トラックで自宅からわざわざ運んで待ちました。補修が無事済んだ時の、彼のつぎのセリフが泣かせました。「皆、忙しゅうしちょるから、わしんとこ一軒のために早よう直しちょくれとは言えんかったんよ。これで明日からは楽できる」。

もう一つは、用水路の三面コンクリート化をめぐって、賛成派と対立した反対派（自然保護派）の三人の男の人の言。「三面コンクリート化を打ち出した福岡県の方針をめぐって、町の人たちの意見はまっ二つに割れた。われわれ自然保護派は当然反対した。しかし、賛成派の理解は得られなかった。これ以上頑張ったら、シコリを残すと判断してわれわれは譲った。だから、用水路はこうして三面ともコンクリートになった。そして、ホタルやどじょうは姿を消した。だけど、われわれは元に戻すことをすっかり諦めたわけではないんよ。時間をかけて現状を指摘し、賛成派の人たちを、県を、粘り強く説得して行きたいと思うちょる」。これまた泣かせるではないですか！

この後、ご紹介して参ります「湯布院・熟塾」の例会活動は、春季だけに限らず、すべてこのようなところを舞台とし、ここでご紹介したような人たちを対象に展開されたものです。また、セッション間の間奏曲とも言うべき、二つの「インターミッション」も、フィナーレたるエピローグも、特にお断りしませんが、すべて同趣旨で紹介されるものであることをあらかじめご承知おきください。

（二〇〇三・九・一記）

狭き門より入れ。滅《ほろ》びにいたる門は大きく、
その路《みち》は広く、これより入る者多し。
生命《いのち》にいたる門は狭く、その路は細く、
之を見出すものは少なし。

（新約聖書・マタイ福音書七章一三―一四節）

春季セッション

●四月度サブ*例会●

バッハへの誘い（一）

――人と作品紹介（前半生篇）――

*次ページ「掲示板」ご参照

掲示板

〈サブ例会〉について

“音楽”は、歌曲、歌劇、楽劇といった一部の例外を除き、言語を伝達手段の一つとして有する「映画」「文芸」とは異なり、きわめて抽象的な……したがって、きわめてあいまいな伝達手段である〈音〉を媒体とする芸術です。それだけに、鑑賞者は他の芸術以上に勉強や鍛錬を必要とします。まどろっこしいと言えば、これほどまどろっこしい芸術もありますまい。しかし、そのことは一面、短所といえば短所でしょうが、他面、長所でもあるのです。つまり、抽象的にしてあいまいな手段で表現されているだけに……それだけに分かり始めたら、まして分かってしまえば、これほどふところ深く、面白い芸術もありますまい。

もっと踏みこんで言えば、的確な伝達手段による「映画」「文芸」はそれだけに、作者の意図を変えたり、作者のレベルを超えたりする解釈は普通あり得ないでしょうが、抽象的なあいまいな伝達手段による「音楽」の場合は、その伝達手段のあいまいさのゆえに、120％の解釈、150％の解釈というものもあり得ると考えます。この点が「音楽」の最大の魅力だと思います。それだけに、いつも申し上げていますように、“癒し目的”を超えて、「音楽」を精神的生活、霊的生活（英語でいえば、ともにspiritual life）の糧としてほしいのです。こういうことを申し上げるのも、私自身がクラシック音楽、とりわけドイツ・クラシックによって、私のspiritual lifeがどれほど広げられ深められたか、また豊かに彩られたか、量り知れないと思う体験を持つからです。

くどいようですが、クラシック音楽は、わけてもドイツ・クラシックは、単に“慰み目的”や“癒し目的”だけで接するものであってはならないと思います。それがあってはいけないというのではありませんが、それだけでは、あまりにももったいないと思うのです。クラシック音楽、とりわけドイツ・クラシックの持っている高次元の愉悦、言い換えれば、心の奥深くから湧き上がる熱い共鳴を皆さん方とぜひとも分かち合いたいと思うこと切なるものがあるのです。老若男女を問わず、特に明日の日本を背負って立つ若い人たちには一人でも多くの人に接してみてほしいと思います。その目的を達するためには、「映画」「文芸」の二つの本例会については、補足例会たる〈サブ例会〉までは必要なかろうと思うものの、〈音楽例会〉のみは三ヵ月に一回の本例会だけでは、体制として不十分と考え、これのみは補足例会として〈サブ例会〉を毎月一回もつこととしたしだいです。もちろん、音楽例会が柱だからという理由もありますが。

【例会案内】

‘03 年 4 月度サブ例会

“バッハへの誘い（1）”

～人と作品紹介（前半生篇）～

ゆふいん熟塾

ドイツの有名な自動車メーカーである〈フォルクス・ワーゲン〉の最近の広告にこういうのがありました。「誤解され易い人っていますよね。まじめ一本槍の堅物と思っていたけど、良く話してみたら、なあんだ、とっても気さくだったんだ」と。大バッハ……ヨハン・セバスチャン・バッハがまさにその典型です。一度、先入観を捨ててじっくり聴いてみてください。

親しみやすい曲の、親しみやすい演奏ばかり選りすぐってみました。大バッハのいかめしい風貌とは裏腹な、気さくさや親密さがきっとご理解いただけると思います。お楽しみに！

記

1．日時・場所

‘03/4/12（土） 14:00 ～ 17:00 於カリタス・アカデミー

2．例会内容

第一部：人と作品紹介（前半生篇）

1）人と成り紹介

2）作品紹介・試聴

（1）ブランデンブルク協奏曲 第三番＆第五番

（2）二つのヴァイオリンのための協奏曲

（3）オルガン曲：トッカータとフーガ ニ短調

第二部：懇談（with coffee and cakes）

【例会記録】

皆さん、こんにちは！　本日は私どもの「クラシック・セミナー」にようこそいらしてくださいました。大歓迎申し上げます。失礼ながら、皆さん方はまだクラシック音楽にはビギナー段階だと想像しますが、三年も一生懸命勉強されれば、いっぱしの「通」になられること請け合いですから、しっかり勉強なさってください。詳しいことは、先も長いことですから、おいおい話させていただくことにして、開講にあたってのご挨拶はこのへんでとどめ、さっそくレクチャーに移りましょう。

ヨハン・セバスチャン・バッハ（以降、単にバッハと呼称します）を語るのに、後にご紹介しますモーツァルトを語る際、「旅」に触れないわけにはいかないように、彼の家系――ハプスブルク王家とともに名血の見本のように言われる音楽一族のことと、彼の生育の地――緑深いドイツの深奥部であるチューリンゲン・バルトの一角、アイゼナッハのことに触れないわけにはいきません（文末添付地図ご参照）。

彼の家系は五代にわたり、一二〇年前まで遡《さかのぼ》ることができる音楽一族です。その家系にはさすがに彼を凌《しの》ぐほどの音楽家はいないものの、音楽的才能に恵まれた人たちが多数含まれており、その名血ぶりは名君の血筋としてつとに有名な近世オーストリーのハプスブルク王家にも比すべきものと言われております。その父祖伝来の優れた音楽的才能の遺伝子が彼にも伝わったことは間違いのないところでしょう。

もう一方の生育環境につきましては、バッハが生まれ育ったところは、狭くはアイゼナッハという町ですが、彼の精神に影響を与えたであろう生育環境という観点からは、もう少し広くとらえ、ハルツ山脈の南麓のチューリンゲン・バルト一帯について観察する必要がありましょう。そして、そこは彼の精神的特徴を語るとき看過しえない、プロテスタント・キリスト教の始祖ルッターの聖地でした。

バッハ前半生ゆかりのアイゼナッハにあるヴァルトブルク城

　アイゼナッハはルッターの町と言っても過言ではない町です。まずもって、町内にはバッハが洗礼を受けた聖ゲオルグ教会がありますが、まさにそこからルッターは宗教改革の口火を切っております。また同町内にはヴァルトブルク城というお城がありますが、この城もルッターがそこに匿《かくま》われているとき聖書のドイツ語訳に没頭したところです。バッハがそういうルッター所縁《ゆかり》の地で生育したことと、彼が後年、岩をも貫くほど堅固な信仰を得たことと、およそ無関係とは思われません。そして、クラシック音楽界で、誰よりも「音楽」と「宗教」がコインの表裏のごとく離れがたい形で認められる彼の精神構造がこの地と無関係に醸成されたとはとうてい考えがたいことです。

それでは、家系と生育環境についての話はこのぐらいにとどめ、モーツァルトと違って少年時代にエピソードの少ない彼のこと、一気に青年時代のことに話を移しましょう。青年バッハは一八歳のとき、生地アイゼナッハからさほど遠くないアルンシュタットという町で、教会オルガニスト兼合唱指揮者として、生涯初の正式な就職をします。その就職期間中、二十歳の時に、ドイツ北方の町リューベックへ私的留学に出掛けますが、ここで聴いたD・ブクステフーデのオルガン——北欧人の幻想好きな性格に由来する奔放さと壮麗さが特徴——が青年バッハに衝撃を与えます。その影響下で作曲したものの一つと言われているものが、今日の一曲目「トッカータとフーガ ニ短調」です。バッハのオルガン曲の演奏にかけては第一人者のリヒターのオルガンで聴きましょう。

なお、本日お聴かせします曲の詳しい説明につきましては、お手元に配布してあります資料をご参照ください（本書の読者の皆様に対しましては、曲解説のようなものを添付しますのは蛇足と考え、割愛しました。今後も特にお断りしませんが、原則として同様にさせていただきますので、悪しからずご了承ください）。

いかがでしたか？　さすがに後年の静謐《せいひつ》な高い境地こそないものの、ブクステフーデばりの豪壮さ、奔放さに溢れていましたね。しかし、そのことが後で仇《あだ》となって、バッハは職を追われることになるのですから、世渡りは不条理でままならないものですね。

＊　＊　＊　＊　＊

その後、バッハはミュールハウゼン、ワイマール、ケーテンと就職地を変えていくのですが、この前半期最後の地ケーテンは、彼自身に「一生をそこで終えるつもりだった」と言わせたほど、彼の生涯中で最も幸せな数年（一七一七―二三年）を過ごす地となります。もっとも、良いことばかりでもありませんでしたが。と言いますのは、一七二〇年に先妻マリーア・バルバラと突然、死別し、一時は途方にくれたことです。でも幸いなことに、それからおよそ一年後に良妻賢母の誉れ高いアンナ・マグダレーナと出逢い、再婚できたことは、やはりこの時期はついていたと言わざるをえないと思います。

とまれ、そこには音楽に造詣《ぞうけい》の深い領主レオポルド公がおり、優れた腕の宮廷楽団もありました。彼はそこで彼らを想定した優れた管弦樂曲、器楽曲を多数生み出していきます。具体的に言いますと、ヴァイオリン協奏曲、無伴奏ヴァイオリン曲、無伴奏チェロ曲、そして最人気曲ブランデンブルク協奏曲といったところです。この最後のブランデンブルク協奏曲こそ、古来のバロック協奏曲の集大成であり、彼の管弦楽曲の頂きに立つものです。

それではこれから、それらの中からつぎの曲を聴くことにしましょう。無伴奏曲はいずれも難解ですから今回は見送り、ヴァイオリン協奏曲三曲の中から一曲、ブランデンブルク協奏曲の中から二曲選んで聴くことにしましょう。まずは、バッハのヴァイオリン協奏曲第三番（通称「ドッペル」）から聴きましょう。使用レコードは、バッハのヴァイオリン曲を弾かせては当代一と謳《うた》われたH・シェリングの新盤の方です。

＊　＊　＊　＊　＊

いかがでしたか？　素晴らしい曲の、素晴らしい演奏でしたでしょう？　特に、第二楽章が素敵でしたでしょう？　バッハの第二楽章はとても秀逸な曲が多いですから、覚えておいてください（楽聖と呼ばれる人は皆そうですが）。ちなみに、俗にいう三大ヴァイオリン協奏曲には、バッハの三曲は残念ながらいずれも入っておりません。すべて比較的短く、地味だからでしょうか。ご参考までに、三大ヴァイオリン協奏曲とは、異説もありますが、通常ベートーヴェン、メンデルスゾーン、ブラームスのものを指します。私なら真中のメンデルスゾーンのものはカットして、代わりにバッハのいずれかを加えたく思いますが。

それでは続いて、ブランデンブルク協奏曲の二曲三番と五番を聴きましょう。三番は弦楽器だけの曲で、しかも全曲を通じて特にフューチャー（強調）される楽器はありませんが、五番の方はフルートとヴァイオリンとチェンバロがフューチャーされます。いずれも大変明るく楽しい曲ですから、あまり細かなところに留意する必要はありませんが、余裕があれば、そのへんの違いにも留意して聴いてみてください。レコードは、最初に聴きましたレコードで、オルガンを弾いていましたK・リヒターが指揮している盤を使用します。

＊　＊　＊　＊　＊

いかがでしたか？　きびきびした、清々しい演奏でしたので、聴きやすかったと思います。私は、もう少しスロー・テンポの、オーソドックスな演奏の方が好ましく思うのですが（例えば、コッホ盤など）、皆さん方のようなビギナーの方々にとりましては、リヒター盤のような斬新な演奏の方が聴きやすく、馴染みやすいかなと思っておかけしたしだいです。しかし、これはこれで名盤の一つですよ。それでは、本日の例会はこのへんでお開きにしましょう。お疲れさまでした。

なお、次回はケーテンの次の就職地で、心ならずも終焉の地となってしまったライプチッヒにおける生活と作品を紹介し、主だった曲を聴きます。お楽しみに！

（完）

リューベック
ハンブルク
リューネブルク
ツェレ
ベルリン
ハルツ山脈
ポツダム
ケーテン
ハレ
ライプティヒ
ミュールハウゼン
アイゼナッハ
オールドルフ
ドレスデン
ワイマール
アルンシュタット
ドルンハイム
カルルスバード
チューリンゲンの森

バッハゆかりの地

●五月度サブ例会●

バッハへの誘い（二）

――人と作品紹介（後半生篇）――

【例会案内】

‘03年5月度サブ例会

“バッハへの誘い（2）”

～人と作品紹介（後半生篇）～

ゆふいん熟塾

バッハ・シリーズの二回目は、バッハの二つある〈顔〉……一つが“俗”、つまり前回お聴かせしましたような「世俗曲」作曲家としての〈顔〉、そしていま一つが“聖”、つまり今回、後半にお聴かせしますような「宗教曲」作曲家としての〈顔〉……の双方にスポットを当てます。

「世俗曲」の方でも、前回でご理解いただけましたように、いかつい風貌の割には、意外に親しみやすい曲が多かったように、「宗教曲」の分野でも割合は異なりますが、同様のことが言えます。バッハの宗教曲の場合、キリスト教的素養や信仰のありなしがその理解度に大きく係わりますが、今回の二曲に限っては、それなくとも、純音楽的に感動していただけると思います。演奏も明るく、活力に溢れたものを選びました。お楽しみに！

記

1．日時・場所

‘03/5/10（土） 14:00～17:00 於カリタス・アカデミー

2．例会内容

第一部：人と作品紹介（後半生篇）

1）人と成り紹介

2）作品紹介・試聴

（1）チェンバロ協奏曲 第三番＆第七番

（2）聖母マリアの頌歌「マニフィカート」

（3）教会カンタータ「目覚めよと呼ぶ声あり」

第二部：懇談（with coffee and cakes）

【例会記録】

皆さん、こんにちは！　五月の湯布院は南国の九州にあっても、平地と違ってようやく一カ月遅れの本格的な春の訪れを迎えております。好きずきでしょうが、私は湯布院の四季の中では、この時期が一番好きです。皆さんはいかがですか？　時節のご挨拶はこれぐらいにし、さっそくレクチャーに入りましょう。

前回、バッハの前半生の生涯と作品についてお話し、主だった作品のレコードを聴いていただきました。今回は後半生の生涯と作品について、ご紹介します。

前半生の最後の住地のケーテンはバッハがことのほか気に入り、彼自身に「一生をそこで終えるつもりだった」と言わせたほどだったのに、なぜ数年で次の住地にして、人生最後の住地となったライプチッヒへ移って行くことになったのでしょうね。皆さん、不思議に思われませんか？　そう思われるでしょう？　だけど、バッハにはそれなりの理由があったのです。

一つは、領主であるレオポルト公の先の王妃が亡くなられ、後添えに迎えた新王妃が音楽に興味がなく、それにつられるように、領主自身の音楽への興味もだんだん失せていったこと（公はたぶん恐妻家だったのでしょうね）、もう一つは、バッハ自身のこどもたちが長じてきて、良い教育（高等教育）を受けさせる必要が生じ、そのためには小都市のケーテンよりも、大都市のライプチッヒの方がベターと考えるようになったことがあげられます。

それらを踏まえ、経済的条件もしっかり押さえ、これならという所を見つけて移って行くのです。バッハは意外に経済感覚も発達していたのですよ。その新しい就職先がライプチッヒの聖トマス教会だったわけです。しかし、このようにして期待して移った聖トマス教会だったのですが、移ってみると、給料の割には物価は高いは、付与された権限は低いは、限られているはで、移って半年も経たないうちに、大学や市や、あげくはバッハがカントールとして直属する聖トマス教会付属高等学校の内部でも校長と衝突するありさまでした。この全期間二六・七年におよぶライプチッヒ時代（一七二三―五〇年）も、初めから紛糾に明け暮れ、晩年

聖トマス教会前のバッハ像

の約一〇年を除き、寧日《ねいじつ》なき日が続いたようです。

そんななか、一陣の涼風が吹き抜けた一時期がありました。それが今日これからおかけします、「チェンバロ協奏曲第三番及び第七番」を含む、チェンバロ協奏曲群（全一三曲）を作曲した時期、すなわち大学のアマチュア演奏団体「コレギウム・ムジークス」の指揮をしていた一七二九年からの数年です。先にご紹介した愛妻アンナ・マグダレーナの筆になる、「バッハの思い出」から、その辺りの行《くだり》をこれからお読みしましょう。

一七二九年に、彼がテーレマンの創立した有名な楽団（コレギウム・ムジークス）の主宰者になりました時は、こうした音楽好きの人びとと一層親密に結ばれる様になりました。この楽団は、毎週一度、彼の指揮で美しい音楽の演奏会を催しました。夏には、これは水曜の四時から六時まで、風車通りのツィンメルマン公園でやりました。冬には、金曜の八時から一〇時までツィンメルマンのカフェ・ハウスで催されました。大市の時には毎週二回、火曜と金曜に演奏会を開きました。こうしてセバスチャンの指揮下に、楽団は幾たびか特別音楽会を行いましたが、その中には、特にこの目的で彼自ら書き下ろした曲も、当然聴くことが出来たのです。

さあ、それでは、バッハがご満悦で、大学アマチュア楽団を指揮している様《さま》がはっきりと頭に描けたところで、バッハ自身も弾いたであろうチェンバロ協奏曲第三番と第七番をご一緒に聴きましょう。使用レコードは、いきいきとした、明るく楽しいバッハ演奏で、つとに令名をはせるヴィンシャーマン指揮のものです。

＊　＊　＊　＊　＊

いかがでしたか？　いかにも前記の情況が眼前に浮かぶような、愉しい演奏でしたね。

さて、次の曲からは、いよいよバッハの後半生の本命たる「宗教曲」の登場です。宗教曲と言いますと、バッハに限らず、抹香臭くて近寄りがたく難解というのが相場ですが、今日これからおかけします二曲は、そろって大変聴きやすく、メロディアスな曲です。ただし、これが理解でき共鳴できたからといって、バッハの残りの宗教曲も大したことなかろうなどと、高をくくられませんように。バッハのほとんどの宗教曲は、他の誰のものよりも、高くかつ深いと思いますので、心して掛かられますようにご注意申し上げます。それに何よりも聴く人がクリスチャンかそうでないかで、理解度や共鳴度はかなり違ってくると思いますので、あまり無理されることはないでしょう。

それでは、「マニフィカート」、「目覚めよと呼ぶ声あり」の順に聴いていただきましょう。

その際、お手元の歌詞カード（本書には添付せず）を参考にしてお聴きください。使用レコードはいずれもK・リヒターの盤です。

＊＊＊＊＊

いかがでしたか？　思っていたよりは聴きやすかったでしょう？

といったしだいで、先月と今月二回にわたって、バッハの生涯と作品を全生涯的にざっと俯瞰《ふかん》してきました。駆け足にしろ全体を眺めてみますと、バッハが宗教曲だけでなく、世俗曲においても、真の意味において敬虔なキリスト教信仰に支えられて、それぞれの曲の中で、「神」によって生かされていることへの感謝の気持ちを、折に触れ縦横無尽に歌っていることに、――もっと噛み砕いて申し上げるなら、いずこにもいたもう「神」を確認しつつ、「神」を賛美し、「神」に感謝しながら生きていることに気づかされます。当然のことである宗教曲は言うにおよばず、一聴そうは聴こえない世俗曲にしろ、よく聴くと、「神」への賛美や感謝の念が至るところに感じ取れます。それこそがバッハの作曲という営みの目的であったのだろうと思われます。それはちょうど、映画の世界でC・チャップリンが彼の二つの系譜――つまり、「社会批評もの」を手掛けようと、いわゆる「Ｗａｒｍ　Ｈｅａｒｔもの」

を手掛けようと、その根底を流れるものは、いつも「人間愛」であったことと同じことだと思います。小鳥のさえずりにも、また木々のざわめきにも、はたまた葉末に結ぶ白露にも、「神」の御心や御業を読み取るがごとき風情には驚き入るばかりです。

最後に、個人的感懐で恐縮ながら、私のこうしたキリスト教信仰をバックにしたバッハ理解と解釈を皆さんに強要するつもりは毛頭ありませんが、ご参考までに申し上げますと、私にとってバッハの曲を聴くということは取りも直さず彼に導かれて、「神」の前に、「神」を賛美し、「神」に感謝し、「神」とともに生きることにほかなりません。今後とも、生命ある限り、私はバッハのいろんな作品の、いろんな演奏家の、いろんな演奏を跡づけながら、彼に導かれて、私自身の「神」体験を深めて行きたいと思っております。

さて、最後の最後に、皆さんはこういったクラシック音楽の手ほどきを受けられるのはおそらく初めてだろうと思いますので、当塾の作曲家の生涯とその作品を絡めて紹介するという「やり方」をあまり深くは詮索せず、こういうものなのかなと、大半の方は素直に受け止めておられるのだろうと思いますが、中にはそれにしても何故なのだろうなと内心いぶかっておられるのではないかと思いますので、二回にわたるバッハ・シリーズの最後に当たり、そのへんの理由のご説明を例もあげてしておこうと思います。

今日も含めて二回にわたり、バッハの生涯と作品につき、その主だったところをご紹介して参りましたので、もうバッハがすべてのクラシック音楽作曲家の中で飛びぬけて厚い信仰の人であったこと、そしてそれなるがゆえに、その作品も、宗教曲は言うにおよばず世俗曲もその影響下にあることを知りました。私はわずかこの一事を知っているか否かだけでも、バッハの曲に対する姿勢や理解は大きく変わると思います。例えば、前回ご一緒に聴きました、ブランデンブルク協奏曲を例にとりましょう。これは典型的な世俗曲ですが、これとて、バッハの信仰とけっして無縁ではないと私は思っています。これはもう皆さんよくご存知のとおり、ケーテン時代の代表的な作品ですが、この時代は教会ではなく、宮廷に奉職していましたので、当然のことに世俗曲の形をとっていますが、自然の営みにも、小鳥たちの飛び交う姿にも、「神」の御心や御業を感ずるような彼であってみれば、おそらく「今日、理解ある領主の下、また恵まれた環境下で幸せな日々が送れるのも『神』のご加護の賜物」と感謝の気持ちをこめて作曲したはずです。もちろん、一〇〇％そうだとは言い切れません。しかし、次回ご一緒に読みます、愛妻マグダレーナの筆になると言われる「バッハの思い出」ほか、諸文献を読み合わせてみますとおそらくそう推論して間違いなかろうと思われます。そう思うのが自然ですし、そう思うのがこじつけに過ぎるとも思いません。

とすれば、いかにそれが世俗曲で内容的にさほど深くなく、楽しい曲だからといって、それを再現（演奏）するのに、むやみに速いテンポで、ノーテンキなほど陽気かつ派手に演奏するのは、最近そういう演奏が流行りですが、いかがなものかと私は思います。こういう曲にあっては、自ずからテンポは中庸か遅め、メロディーは少し抑えた、しっとりとした歌わせ方が求められましょう。今日のレコード鑑賞の中でも、私はもう少しテンポは抑え目の方が好ましく思うのですがと申し上げましたのも、そういう理由からです。聴く人のそういった姿勢は、作曲者の生涯に対する深い知識と謙虚にして真摯な洞察があって初めて可能と思うのです。したがって、私はバッハに限らず、今後とも、作曲家の生涯と作品を、大なり小なり、必ず絡めて紹介して参ろうと思っています。皆さんもそのことをしっかりご記憶ください。

ついでに最後にもう一つ付け加えたいことがあります。バッハの曲がなぜかジャズによく合うものですから、ジャズ界ではバッハをジャズるということがよく行われます。こういう行為は間違っているとまでは申しませんが、ジャズ化された演奏からは、少なくともバッハの本当の気持ちは伝わってきません。こういう行為や演奏は、われわれの評価する姿勢や演奏とは対極のものであるとだけ申し上げておきましょう。

それでは、今日はこれにておしまいということにしましょう。お疲れさまでした。

（完）

●六月度サブ例会●

バッハへの誘い（三）

――関係書講読――

【例会案内】

‘03年6月度サブ例会

“バッハへの誘い（3）”

～関係書講読～

ゆふいん熟塾

今年の各シリーズ三回目の例会では、三楽聖に関する魅力に溢れた書物をご紹介することにしておりますが、今回は一番バッターとしてバッハに関するそうした書物を取り上げます。それはあのバッハの最愛の伴侶であり、音楽界きっての良妻賢母の誉れ高い、アンナ・マグダレーナが夫亡き後に心血を注いで書きつづったと言われている、いわば“美しき魂の告白”であります。ここには夫を心から愛する妻にのみ可能なバッハの世界に対する深い全人格的な理解が全篇を貫いていて、読者の心を打たずにはおかない書物です。時間的制約により、全篇をご紹介するわけには参りませんが、下記のように再整理して、そのエッセンスをお伝えしたいと思っています。お楽しみに！

記

1．日時・場所

‘03/6/7（土） 14:00～17:00 於湯布院中央公民館

2．例会内容

第一部：レクチャー&コンサート

1. 関係書購読

A.M. バッハ著「バッハの思い出」（ダヴィッド社）

1）はじめに

2）バッハの日常生活

（1）ケーテン時代

（2）ライプチッヒ時代

2. 作品試聴

ブランデンブルク協奏曲第四番他

第二部：懇談（with coffee and cakes）

【例会記録】

A.M. バッハ著（山下 肇 訳）『バッハの思い出』

皆さん、こんにちは！　六月の日本は梅雨前線が列島に沿うように停滞していますので、さすがの高地の湯布院もその影響下から脱するわけには参らず、雨季独得のうっとうしさにどっぷりとつかっていますが、負けずに頑張って参りましょう。

さて、各シリーズの三回目は対象作曲家の伝記とか頌《しょう》といった類の中から何か適当な読み物を一冊選び、ご一緒に読んで参りたいと思っております。もっとも、読むだけでは退屈なさるでしょうから、途中たまには眠気覚ましも兼ねて、関連の曲のレコードかヴィデオでもかけて差し上げたいと思っております。

第一回目の今回はバッハにまつわる何か魅力的な読み物をということで、バッハの愛妻アンナ・マグダレーナの手になると*言われる「バッハの思い出」を読みます。

＊　多少の疑義を唱える専門家もおられるようですが、まず彼女の手になったと考えてよさそうです。私も専門家ではありませんが、これを味読してみますに、これはもうバッハを心底深くから愛した妻アンナ・マグダレーナの手にならずして、誰の手になったと言うのだという気がします。

それではまず、数多《あまた》いたバッハと同時代の、つまりバッハが生きた一七世紀から一八世紀にかけての音楽家の妻で、彼女以外に夫のことを本に著した人はいないのに、なぜ彼女だけが小冊子にしろ、このような本を残すに至ったのか、そのへんの経緯を示す部分から読み始めましょう。

一　はじめに

（一）本書を書くに至った経緯

（講演者朗読、以下この注記省略）

たったひとりのわたくしの生活に、今日は珍しく一人の客が訪ねてきて、わたくしの心を大変悦ばせてくれました。カスパール・ブルクホルトさんです。この方はもうよいお年のご老人ですが、かつては愛する夫セバスティアンの愛弟子の一人だった方で、前からわたくしのことを探していてくださって、ようやっとこうして訪ねてくださったのでした。本当に、バッハの老妻はこんな貧しい寄るべのない身の上なのですから、それをお見つけになるには、いささかお骨が折れたのでした。でもまあ！　なんという早さで、あの幸福だった私たちバッハの生活が忘れ去られてしまったことか、と思います。ご老人とわたくしとはお互いにいろいろとお話をいたしました。あの方は遠慮がちにご自分のご成功のこと、奥さまや小さなお子さまたちのことなど話してくださいましたが、でも私たちの話題の中心は何といっても、あの方の師でありわたくしの夫である、今は亡きバッハそのひとのことでございました。もの悲しい問わず語りのなかにも、あの素晴しい年月の幾多輝かしいくさぐさのことどもが思い出されてくるのでしたが、その揚句にカスパールさんの申された一言が、ただいまのわたくしのこの慎ましい隠遁生活に、一躍して高い意味をあたえてくれるものとなりました。「ぜひ、お書きなさい、奥さん」と彼は申しました。「偉大なあの人の記録を。小さなものでよいのですから。あなたは、他の人の誰も知らない先生をご存じなのです。先生のことで覚えていらっしゃることはみんな書いて下さい！　あなたの忠実なお心が決してそんなに忘れてしまっている筈はありません。先生のお言葉、先生の眼眸《ひとみ》*、先生の生活、先生の音楽、それを書くのです。今は世間の人びとは先生の思い出をないがしろにしていますが、しかし、先生は永遠に忘れられる方ではありません！　人類は決していつまでも先生を埋れさせておくことはできますまい。そして、いつの日かきっと、先生のことについてあなたの遺されたものに、人類の感謝する日がくるでしょう」。（＊筆者ルビ）

マグダレーナがこの書を著すに至った経緯そのものが大変明解に書かれていましたので、

皆さん、よくご理解いただけたことと思います。それにしても、マグダレーナの言うとおり、バッハの死後まださほど経っていないというのに、もうすっかり忘れ去られ、彼女自身も慎ましい隠遁生活を余儀なくされていたという事実には、洋の東西を問わず、人の世の常とは言え、驚かされます。この書のすぐ後に出てくるのですが、バッハの持っていた物も競売に付され、彼女の手元にはほとんど残らなかったとのことですし、彼女の生活自体もライプチッヒ市の賜金《しきん》で賄われたとのことですので、この本を書くこと自体が、そうした寂しい隠遁生活の中で、突然差し込んだ一条の光りのように、彼女の生きがいとなったのも、もっともなこととうなづけます。

それでは、いよいよ本文に読み進みますが、まずは事の発端、バッハと彼女がどのようにして巡り逢ったのか、そのへんの事情を伝える部分から読み始めましょう。読み始める前にひと言お断りしておきますが、バッハはマグダレーナと初めて出逢う数カ月前に先妻のマリア・バルバラを急病で失い、四人の子供を抱えた男やもめになっています。そのことを頭の片隅にでも置いて聴いてください。

(二)バッハとの巡り逢い

そして、わたくしがはじめて彼を見たとき！　本当に月日のたつのは早いもので、思い出は見るまにかき消すように消え去ってしまいますけれど、でもまあ何とすべてのものがまた再びありありとわたくしの眼の前に浮かんできますことか！　わたくしの父は親切によくわたくしを小旅行に連れて行ってくれましたが、とりわけ音楽のこととなると格別なのでした。父はこの天上の芸術をわたくしが愛していることをよく知っていてくれまして、一七二〇年の冬、父がわたくしの大叔父と叔母を訪ねるハンブルクへの旅行にも、わたくしを同行してくれました。ハンブルクの聖カタリーナ教会には、大へん高貴なオルガンが燦然と人目を惹いておりました。それには四つの鍵盤とペダルがありまして、わたくしも、父の音楽の友人たちがいろいろとそれについて語るのを聞いておりました。ハンブルクで過した二日目の日に、わたくしは大叔母のために買物に出かけて、ちょうどその帰り道に聖カタリーナ教会のわきを通りかかりますと、ふと思いついて、そのオルガンを見に、なかへこっそりはいってみました。わたくしが戸をあけますと、誰かがオルガンを奏いているのが耳にはいりました。とつぜん素晴しい音楽が闇の中から抜け出してきたようで、わたくしは首天使が鍵盤の前に坐っているのかと思いました。そこでわたくしは、もうほんとにこっそりとなかへはいりこんで、じっと耳を澄ませながら佇んでおりました。わたくしは西の廊下にしつらえてあるオルガンに眼をやりました。大きなパイプが天蓋にむかって屹立し、一面の美しい彫物細工が褐色と金色に輝いていましたが、そのオルガンの奏き手はわたくしの眼にははいらずにおりました。このがらんとして人気のない教会に、わたくしはどれだけ長く佇んでいたのでしょうか、ただもう一心に聴き惚れるばかりで、すっかり舗石に根を生やし、時の移るのも忘れてしまっておりました。

この音楽の湧きたち流れるなかで、あんまり我を忘れていたものですから、わたくしは、素晴しい和音の連続した音楽がそのざわめきで空気を揺さぶりながら、突然ぱったり止んだときにも、やっぱり相変らず、この世ならぬ音の響きがさらにパイプからわたくしの上へ轟きわたってくるものと、身動きもせず上方に耳を澄ませて佇んでいました。ところがその代りに、オルガン奏者そのひとがオルガン壇上に現われて、オルガンから下に通じている階段に近づいてきました。そこで彼は、相変らず上の方をみつめているわたくしの姿を認めました。その瞬間、わたくしは彼を見つけました。今になって考えてみますと、あんまりだしぬけな出現に、わたくしは身動きもならぬほどびっくり致しました。聖ゲオルクが降りてくるものと思っていたのに、それが人間だったのでございました。ところがそのとき、わたくしはがたがた震えだしたのです。わたくしは床に落ちていた外套をひっつかむなり、ただわけもなくわななき震えながら、教会の外に飛び出してしまいました。表でやっと気を取り戻したときには、我ながらその愚かしい振舞に呆れてしまったのです。——なぜなら、いかに口やかましい大叔母でも、わたくしが教会にはいりこんで、オルガンの演奏をこっそり聞いていたからといって、何も別に娘らしくないなどとは決して言わなかったでしょうから。

そのオルガニストが誰であったのか、わたくしは露知りませんでしたが、夕餉《ゆうげ》のときにこの小さな出来事を父に話しますと——でもその際、奏者の目にとまって震えだし、慌てて外へ逃げ出したことは、黙っていましたけれど——父は申しました。「それはきっと、ケーテン公の楽長のヨハン・セバスティアン・バッハだったにちがいない。彼は明日ラインケン氏の前で、聖カタリーナ教会のオルガンを奏いてきかせることになっているのだよ。私もほかの人たちと一緒にききに行く。ひとつ、うちの娘があなたの音楽に夢中になっていますよ、って彼に話してやろう。小さい鶯のおまえが歌うのをきいたら、きっとあの人はおまえの声のために歌を書いてくれるだろうよ」。

「事実は小説より奇なり」と言いますが、バッハとマグダレーナとの出逢いも、まさにそのとおりで、出逢った場所のハンブルクは二人にとり、ともに旅先だったのですから。まさに運命的な「巡り逢い」と言って差し支えないかと思います。

さて、つぎはいよいよ、本書の中でも大部が割かれ、実人生においても多くの優れた作品が産み出された、ケーテン時代（一七一七～二三年）とライプチッヒ時代（一七二三～五〇年）の日常生活についての記述を読むことにしましょう。まずは、ケーテン時代についてです。

二　バッハの日常生活

（一）ケーテン時代

私たちが一七二一年に結婚しました時、フリーデマンは十一、エマヌエルは七つで、小さなヨハン・ゴットフリートが六つ、愛らしいカタリーナがフリーデマンよりも二つ年かさでした。こうしてわたくしは最初から小さい家族の面倒を見る母親の役をしなければなりませんでした。それに、子供たちも、優しい父親の例を見ならって、まもなくわたくしを心から愛してくれ、嬉しいにつけ悲しいにつけ、わたくしを親身に思ってくれました。フリーデマンだけは長男でもあり、もう少しは父親の責任ある手助けにもなっていたので、初めのうちは少し打ちとけませんでしたけれど。でも私たちはみんなお互いにとても幸福でした。とりわけ、セバスティアンにおねだりして、宮廷の沢山のお勤めや作曲の仕事やお稽古などを放って、郊外のピクニックにつれて行ってくれるように決心させたときは、ほんとうに幸福の絶頂でございました。それから私たちは少しばかりのお弁当を鞄につめて、郊外の樹蔭で、楽しくお食事を平らげました。彼と子供たちはふざけっこをやって走りまわり、みんなでいつもよりもうんと沢山大笑いして、そのうえあんまりみんな大わらわになってぱくつく始末なので、それから後はもうこれにこりて、こういう遠足のときはいつも予めもっと上手にお弁当をこしらえて行くことに致したくらいです。わたくしもまるで子供たちの一人みたいに若い気になって、ときにはたしかに既婚の女性らしい慎しみまでも、忘れてしまったようでございます。それも、セバスティアンがあんまり朗らかで、いろんな思いつきがあとからあとからとび出してきて、洒落や冗談をしこたま製造しては私たちみんなに感染させてしまったからなのです。それから、子供たちが疲れてしまって、小さいヨハンがわたくしの膝に上るようになると、セバスティアンは子供の頃アイゼナッハでおぼえたお伽ばなしや伝説や、それよりももっと面白かったのは、彼と同じくアイゼナッハに暮らしていた人たちの生活とか、聖エリーザベットや逞しいマルティン・ルッターの生涯などの、本当にあった出来事を話してきかせてくれました。それからやがて夕日を浴びながら家路につき、疲れた子供たちを寝かしつけてしまうと、もうわたくし自身もへとへとになって、安らかな気持ちでセバスティアンの傍らに腰をおろし、彼と手を組みあわせ、頭を彼の肩にのせて休むのでした。これこそ、神さまがケーテンの私たちに贈って下さったこのうえない幸福の日々なのでございました。

通常、再婚の場合、夫と妻の間はともかく、先妻の子供たちと後妻の仲はとかくしっくりいかないことが多いものですが、バッハ家は主であるバッハのお手本が良かったのか（マグダレーナは、この説でしたね）、あるいはバッハ自身の良い性格（ＤＮＡ）がお子さんたちにも天賦の性格として遺伝していたのか、あるいはまたマグダレーナの人柄にあずかってか、まれにみる仲むつまじい、なごやかな家庭が築かれていた様が手に取るようにわかる記述でしたね。マグダレーナはなかなかの名文家ですね。

それではここで、バッハ自身にも、「一生をここで終えるつもりだった」と言わせたほど、家庭外では音楽に造詣《ぞうけい》深くかつ理解もあった領主に恵まれ、家庭内では今まで見てきたような幸せな家庭に恵まれ、名実ともに幸せだったケーテン時代にいかにもふさわしい曲を一曲おかけしましょう。

ブランデンブルク協奏曲といえば、ケーテン時代が想起され、ケーテン時代といえば、何はさておきブランデンブルク協奏曲が想起されるほど、結びつきの密接な両者ですが、その中でとりわけ華やかにしてインティメートな雰囲気の第四番をＫ・リヒター盤で聴いていただきましょう。

＊　＊　＊　＊　＊

レコードを聴き、一息入れたところで、引き続き、つぎはライプチッヒ時代のバッハ家の様子を伝えるところを読みましょう。

(二) ライプチッヒ時代

それからさらに、彼の愛情と好意のしるしとして、この頃わたくしは彼から、一冊の新しい楽譜帳を貰いました。それはまた緑色の装幀の大へん綺麗なものでして、表紙にはわたくしの名前が金文字と唐墨の筆で、彼自身の手で、一七二五年という文字と一緒に書かれてありました。この本はふたりで一緒に使おう、と彼は申しました。わたくしは自分で特別に気に入った曲をそれに書きこめばよいし、彼はわたくしのために新しい作曲を書きつけよう、というのです。と申しますのも、そうした間に、わたくしのクラヴィーアも彼の辛抱強い親切な指導のおかげでいくらか上達し、今では、彼が初めて小曲集をわたくしに献げた頃よりもずっと上手になっておりましたのです。日が暮れて、ほっと一息つく間ができて、しみじみとした家の気分に浸れるようになると、彼はよく蝋燭を身近に引きよせて、鵞ペンを手にとると、言うのでした。「マグダレーナ、緑の本をとっておくれ、あの中にある曲はみんな、おまえが弾いてもすぐ退屈してしまうような、古臭いものばかりだろう。おまえをもっと進歩させるような新しい奴を、一つ書きこんでやろう」。

そこでわたくしももう、新しい宝物がわたくしの本に加わるのだと思うと、夢中になってとんで行くのでした。秋や冬の夜長に、子供たちはもう皆暖かくくるまって寝しずまり、わたくしとセバスティアンと二人して、並んで音楽を書き綴る、それはほんとうに何という楽しさだったでしょう。――いつもそういう仕事はありましたし、日曜のカンタータの分譜は大部分、私たち二人の手で書き写されたのでございます。そんな時は、私たちの間に二本の蝋燭が灯されて、わたくしはしょっちゅうその光が燈心の黒い滓でいためられないように気を配りながら、注意して芯をきるのでした。――そして私たちは静かに幸福に、並んで仕事をしました。やりながらも、わたくしはできるだけ黙っておりました。なぜなら、彼が美しく明るい軽やかな手でこうした分譜を書き写したり（わたくしにとって、彼の総譜は不思議に生きいきとした、熱情のこもった、激しい力のある表現をもっているのです）、ブックステフーデやヘンデルの音楽を私たちのために書きつけたり（彼はこの人たちのものを、大へん高く評価しておりました――わたくしには、それがどんなに高いものでも、彼自身のものほど意味のあるものとは思えませんでしたが――）、たぶん生徒のために、自分の曲を何か作曲したりしている間に、よく彼の頭に霊感がひらめいたからなのです。そうすると彼は、いつもの彼の座右においておいたバラの五線紙を一枚とって、小止みなく彼の頭脳から湧きでる音楽の尽きることない泉から、純白の紙の上に何かしら書きつけるのでした。

家庭外、つまり就職先である教会関係では、不愉快なことが多かったはずですのに、家庭内では、家庭の内外を問わず幸せだったケーテン時代と何ら変わらぬシーンが展開されていたんですね。驚きました。それはおそらくつぎのくだりにあるような事情によるのでしょう。

　こうしたすべてのことからも、トマス学校の最初の数年間に、どんなに多くの面倒や困難が私たちの身にふりかかってきたかがよくおわかりでしょう。けれど、どんなに多くの煩らいが起ったにせよ、それは我家のまどいにははいりこんで来ず、それらはみんな「そと」のことで、セバスティアンも自分のクラヴィーアに向かったり、ヴィオラを引張り出したりしている時にはすっかり忘れているのでした。

　それでは、またここで、ライプチッヒ時代の作品で、いかにも今お読みしたところにふさわしい曲を一曲おかけしましょう。K・リヒターの指揮とチェンバロによる「三台のチェンバロの為の協奏曲（BWV一〇六四）」です。

＊＊＊＊＊

いかがでしたか？　いかにもさきほどのマグダレーナの描写を彷彿《ほうふつ》とさせるような曲であり、演奏でしたね。

　しかし、実際は教会ほかとの関係が良かったのは初めの数カ月だけで、後は晩年のおよそ一〇年を除いて、寧日《ねいじつ》なき日々が続きます。ライプチッヒにおけるバッハを悩ませたゴタゴタとは学校内、教会関係、市・大学当局相手なのですが、それらの中から最も身近なところ、つまりトマス学校内のトラブルに関する記述を一つ読んでみましょう。

その後のことですが、さらにセバスティアンは自分が音楽上の管理を司っていたいろいろな教会のオルガンが「未熟拙劣な手」によって扱われているのを見つけたのです――もちろん新教会と聖トマス教会のオルガニストであるゲルナーさんが、決してそんなぜんぜんなってない音楽家ではなかったことは認められねばなりませんけれど、なにしろとにかく彼の作曲はごたごたとまとまりのない印象をあたえ(セバスティアンはこのことを自分から主張はしないで、ただ勿論一種の含み笑いをしながら、この噂を繰返しただけでしたが)作曲の規則などというものは、彼のぜんぜんあずかり知らぬところでしたから、毎日そんなものは彼自ら願い下げ、お払い箱にしてしまっていたのです。おまけに彼はおそらく高慢ちきで己惚が強く、セバスティアンの大きな権力を嫉妬して、馬鹿々々しいほど自分の力の弱小なことに不平たらたらで、およそセバスティアンのためにならないやり口で、勝手な熱を吹聴して歩きました。それには、彼がいつまでも根に持っていたことがあるのです。というのは、あるカンタータの稽古の際に、彼はオルガンでコンティヌオを奏いていまして、続けざまにひどい間違いをやらかしたので、セバスティアンはかんかんに怒ってしまい、自分の頭から仮髪《かつら》をもぎとるなりゲルナーの頭に投げつけたうえ、貴様なんかオルガニストになるより靴直しにでもなった方がましだ、といってどなりつけたそうです。

三　バッハの人間としての特質、音楽の核心

(一) バッハの人間としての特質　……宗教観・死生観

バッハに限らず、偉大な音楽家の場合、人間的成長と音楽的成長が必ず同時進行しており、いずれか一方だけということはありません。しかも、さらに細かく両者の後先に注目するなら、当然のことに、人間的成長が先行し、音楽的成長はその枠内でなされています。そして、バッハの人間的成長はキリスト教信仰を基軸としてなされているのが特徴です。すべての人がそう見ているわけではありませんが、私はかねてから、その音楽的成長もまたキリスト教信仰を基軸としてなされているはずと推量してきました。マグダレーナの記述を読んでみますと、まさに私の推察が正鵠《せいこく》を射ていることを裏付けています。それではこれから、ご一緒にその関連箇所を読んで参りましょう。

セバスティアンという人は、彼を愛しているのでなければ、容易に理解できない人だったと思います。わたくしだって、最初から彼を愛しているのでなかったら、きっと理解できなかったことでしょう。あまり深い問題の話になると、彼はいつも控え目がちで、一般に、語る言葉の中には自分を現わさず、彼の人柄そのものに、そして勿論ほかの何よりもとりわけ音楽の中に、自分

を現わしていました。彼は、わたくしの経験で申しますなら、一番宗教的な人でございました。わたくしの存じておりますルッター派の立派な牧師さま方のことを考えますと、これは奇妙に響くかもしれません。説教と垂範とを生涯の仕事としておいでの方々には立派な方がおられました。けれども、セバスティアンの場合はぜんぜん別なのです。宗教は、彼にあっては、決して表に現われることのない、うちに潜むものであり、しかも脈々と存在して忘れられることのないものなのでした。彼には、わたくしが時々、特に結婚当初の頃は、恐くてたまらなくなるようなものがいろいろありました。それは彼の善意の基礎となり、支柱となっている巌のような厳格さです。けれども、何ものにもまして奇異に感じられたのは、あの孜々営々《ししえいえい》*と多産であった全生涯を通じて彼につきまとっていた灼熱的な欲求、即ち、死をねがう心でありました。わたくしはそれがほんのときたま稲妻のようにひらめくのを認めたにすぎません。彼はそれをわたくしに隠していた、と思われるからです。きっとわたくしを恐がらせてはいけないと思っていたのでございましょう。わたくしはまだ若くて、彼ほど勇気はありませんでしたから。わたくしはと申せば、彼のもとを去りたいとも、この世を去りたいとも思うような憧憬は少しも感じませんでした。彼がこの世にある限り、わたくしにとってこの世は美しかったのでございますから。今日、わたくしも年をとり、ひとりぼっちになって、彼を見送ってしまいました今では、すべてのものが完きものにされるところへ赴きたいという彼の憧憬をよく理解することができます。彼はその大いなる心の奥深く、十字架のキリストのお姿を抱いておりました。彼のこよなく気高い音楽は、復活せる救世主の幻影を描きつつ、彼の心から遁れてゆく、死をあこがれる叫びにほかなりません。（＊筆者ルビ）

（二）バッハの音楽の核心

前項で読みましたとおり、人間としてのバッハの最も特徴的な点は、何はさておき、「宗教人」、つまり「信仰の人」であったということだと思います。そして、その信仰の核心は、ちょっと意外な気もしますが、死を乞い願う熱い心であったと、マグダレーナは言います。そしてその証左は教会カンタータの中でこの世との別離、つまり「死」の観念が扱われる時ほど彼の音楽が美しくかつ情熱的になったことはないという事実に現われていると彼女は続けます。実際に聴いて確かめてみたいですね。しかし今年は開講してまだ三年目ですし、宗教曲の中の「死」をテーマとするような、いわば至高の音楽を対象にするのは時期尚早かと思いますので、今回は見送りましょう。しかしいずれじっくり聴くことにしましょうね。

さて、宗教曲の世界はそうであったとしてそれではもう一方の世俗曲の世界にはそうしたバッハの信仰心は何の影響も与えなかったのでしょうか。逆説的に言うならば、もし仮にそうなら、後続の作曲家たち、例えば、ハイドン、モーツァルト、ベートーヴェン、シューベルト、ブラームスなどと何ら変わらないことになります。彼らもかなりの宗教曲を作曲していますから。しかし、彼らは宗教的作曲家とは言いません。矛盾がありますね。ならば、比率で区別するのでしょうか。それもうわべ上は可能でしょう。しかしそんなことより、私はバッハと彼らの間にはもっと根本的な差異があると思っています。すなわち、バッハの場合、宗教曲であれ、世俗曲であれ、一貫して彼の信仰心が具現化しており、その意味において、つまり厳密な意味において宗教的作曲家なのです。宗教的作曲家をそのように定義したとき、音楽史上、先にも後にも、バッハをおいて他にそう呼べる人はただの一人もいないと私は思います。

その証左はバッハの作品を一曲一曲、丹念に聴けば自ずから判明することですが、マグダレーナの「その現われ方も書いたものや語らいの中といった表に現われたものではなく、いわば伏流水のように彼の人柄そのものの中とか、彼の音楽そのものの中とかに現われていた」という言もそれを裏付けていると思います。それでは、いよいよ彼の音楽の核心部分に関するところを読みましょう。

あのひと（バッハ）[*]が世を去ったいま、世の人びとは彼のことを忘れ、彼の音楽はめったに聞かれることもなく、今では息子たちフリーデマンやエマヌエルの方が父よりもてはやされています。でも、これがいつまでも続こうとは、わたくしは信じられません。彼の音楽は息子たちのものとはぜんぜん違います。わたくしの感じますところでは、それは人をまったく別の世界に連れて行ってくれるのです。明るく朗かに澄んで、この世のものとも思われない高い世界、そこではもはやこの地上の煩らいはすべて力を失ってしまうのです。彼の心の中には、平和と美の核心がひそんでいました。よく経験したことですが、わたくしは、ありとあらゆる家のやりくり、多勢の小さな子供たちに比べていつも足りないお金と多すぎる用事、たえまのない炊事、洗濯、裁縫や繕い物、そうした負担に耐えきれなくなると、いつもほんのちょっと暇をつくって、彼のオルガンか、カンタータやモテットの一曲を聞きに行くのでした――そしてわたくしもまた、彼の――わたくしの申しますあのひとの核心である――平和と美の中心に加わったのでございます。そして、ただ彼の音楽のみがわたくしの心にこうした不思議な効果を与えることができました。ヘンデルさまやパッヒェルベルさまの音楽も、美しくて素晴しいものではございましたけれど、それはわがセバスティアンのものとは別の国の産物でした。おそらく、セバスティアンを愛すればこそ、わたくしはそのような感じをもつのでしょうが、でも彼とわたくし個人のことはぜんぜん沈黙するとしても、なおわたくしには、適切な表現はできませんけれど、確かに事実、彼と他のすべての音楽との間には、はっきりした相違があるように思われてなりません。（＊筆者註）

バッハの音楽の特質と核心をひと言でいえば、「キリスト教信仰を梃子《てこ》に平和と美を欣求すること」であったと言えましょう。俗に言う宗教的作曲家には、バッハのほかにも先にあげた諸作曲家に加え、さらにブルックナーやフォーレなどの名をあげることもできます。しかし、バッハのように宗教曲のみならず、世俗曲も含めて、すべての作品が信仰に由来するほど、信仰が作品と密着している作曲家はバッハ以外には考えられません。ですから、マグダレーナがその理由については明言は避けながらも、今日、自分の息子たちのフリーデマンやエマヌエルが父バッハよりもてはやされているが、長続きはしないだろうと言い、バッハと同世代の作曲家たち、ヘンデルやパッヘルベルの音楽とも違うと言っているについては、さきほどから申し上げているようなことに慧眼にも気付いておられたからに外ならないと思います。マグダレーナは一八世紀半ばまでの作曲家しかご存じないからこういう表現にとどまっているわけですが、私はその後二〇世紀末までの作曲家を聴いてきていますから、今日までにこの世に生を受けたすべての作曲家の中で、これほどまでに己の信仰が全作品に密着した作曲家はバッハ以外にはいないと付け加えたいと思います。

最後に、バッハの本質的作品に関する彼女の記述にも触れたかったのですが、すでにそれらのうちのいくつかは部分的には扱っていますし、何よりもクラシックを学び始めてまだ三年目の皆さんに、今これ以上強いるのは酷というものと考え、割愛することにしました。しかし、いずれ遠からず勉強してもらいますので、楽しみにしていてください。

それでは、今日のレクチャー&コンサートはこれにておしまいとしますが、本日取り上げましたところは良いところばかりですが、なにぶん全体のほんの一部にしか過ぎません。最近、講談社から安価な文庫版が出ていますので、できれば一冊購入されて、全篇読まれることをお勧めします。長時間の聴講、お疲れさまでした。

(完)

●六月度・本例会●

バッハへの誘い（四）

——演奏比較鑑賞*——

*次ページ「掲示板」ご参照

掲示板　“演奏比較鑑賞”について

「あなたは、バッハの“マタイ”を、またモーツァルトの“ジュピター”を、あるいはベートーヴェンの“第九”を、本当に識っておられますか？」とお尋ねしたとしたら、何とお答えになりますか？　本当にという言葉に多少の懸念を感じられながらも、‘通’と言われるほどの人なら、「もちろんそれぐらいは識っているさ」とお答えになるでしょう。しかし、そうお答えになる‘通’でも、よほどの‘通’でない限り、同一曲につき複数枚のレコードかCDを徹底して持っておられる方は案外少ないものです。一枚しかお持ちになっていない場合、それがたまさか決定盤中の決定盤にしろ、例えば、リヒターのバッハ、ワルターのモーツァルト、フルトヴェングラーのベートーヴェンであったとしても、たった一枚でその曲のすべてを再現し得ているとは思われません。同一曲につき、少なくとも二枚、できれば三枚は持ってほしいと思います。そういう楽しみ方ができることこそ、レコード（CD)・ファン冥利に尽きると申せましょう。

そういう趣旨から、今後はまず中庸のものを一枚、ついでは硬軟一枚ずつ買い増し、最低、都合三枚は持てるような鑑識眼を培う意味で、今年度から四回シリーズの最後の一回は“演奏比較特集”を組むことにします。慣れないうちは大変だと思いますが、しばらく頑張ってみてください。また、曲理解の仕方も、楽理的に迫る方法もあれば、感性で迫る方法もあります。当塾では、次のD.キーンさんの言とほぼ同趣旨で主として後者によることとします。

“恐らく音楽を聴いている人の大半が私と同じ素人なのだから、私の文章が専門家たる人達の論説よりも、音楽愛好家達諸氏の琴線に触れるものとなるかも知れない。私は物心ついて以来ずっと音楽を聴き続けて来た。今世紀の偉大な音楽家達の殆どをナマで聴くことが出来るという幸せにも恵まれた。となれば、私の心に残る思い出を、いや、私のツムジ曲がりの偏見をも、同じ素人の方々と分かち合うこと以上に大きな喜びがあるだろうか？”（「音楽の出会いとよろこび」中公文庫より）

最後に、演奏比較の仕方も、作曲者の心を離れ、拡散的姿勢で恣意的な演奏を追求する行き方も存在しますが、当塾はそういう行き方は採りません。ただひたすら作曲者の心を追い求める、つまり求心的姿勢でのぞみます。それらが聴く者の精神の発展にどれほど寄与するかという観点から評価します。私が作曲家の生涯にこだわるのも、作曲家の精神の発展を跡付けることによって、己の精神の発展に役立てようという狙いがあるからです（巻末資料Ⅲ—ⅱ参照）。

【例会案内】

‘03年6月度 本例会

“バッハへの誘い（4）”

～演奏比較特集～

ゆふいん熟塾

今年の各シリーズ最終回は、当塾初の試みである“演奏比較”です。洋楽は邦楽と違ってちゃんとした楽譜があるのだし、誰が指揮しても、また誰が演奏しても、大同小異、大差ないのではないかとお考えではないでしょうか？ しかし、実はそれがとんでもないお考え違いなのです。それを聴き分けられるかどうかはひとえにあなたの鑑識眼や識別能力に掛かっています。

どんな名曲でも、いや名曲ほど、名指揮者や名演奏家で聴かなければ真価は出ていません。凡庸な指揮者や演奏家の盤だけど、さすが名曲！ 素晴らしいよ！と思っておられても、名盤の前には色あせてしまいます。その名盤と駄盤を聴き分けられて始めて、アマはアマでもハイ－エンド・アマと言えるのです。指揮者や演奏家にこだわらずに、ただ単に名曲のレコード（CD）を集めて聞いているようでは、その曲が本当に分かっているとは言えません。というわけですので、これからご一緒にあなたの鑑識眼や識別能力をしっかり磨いて参りましょう！

記

1．日時・場所

‘03/6/21（土） 14:00～17:00 於カリタス・アカデミー

2．例会内容

第一部：演奏比較鑑賞

～ブランデンブルク協奏曲～

ミュンヒンガー指揮シュトゥットガルト室内管弦楽団

（1）‘50年盤 （2）‘58年盤 （3）‘72年盤

〈使用盤はいずれもLondon盤〉

第二部：懇談（with coffee and cakes）

【例会記録】

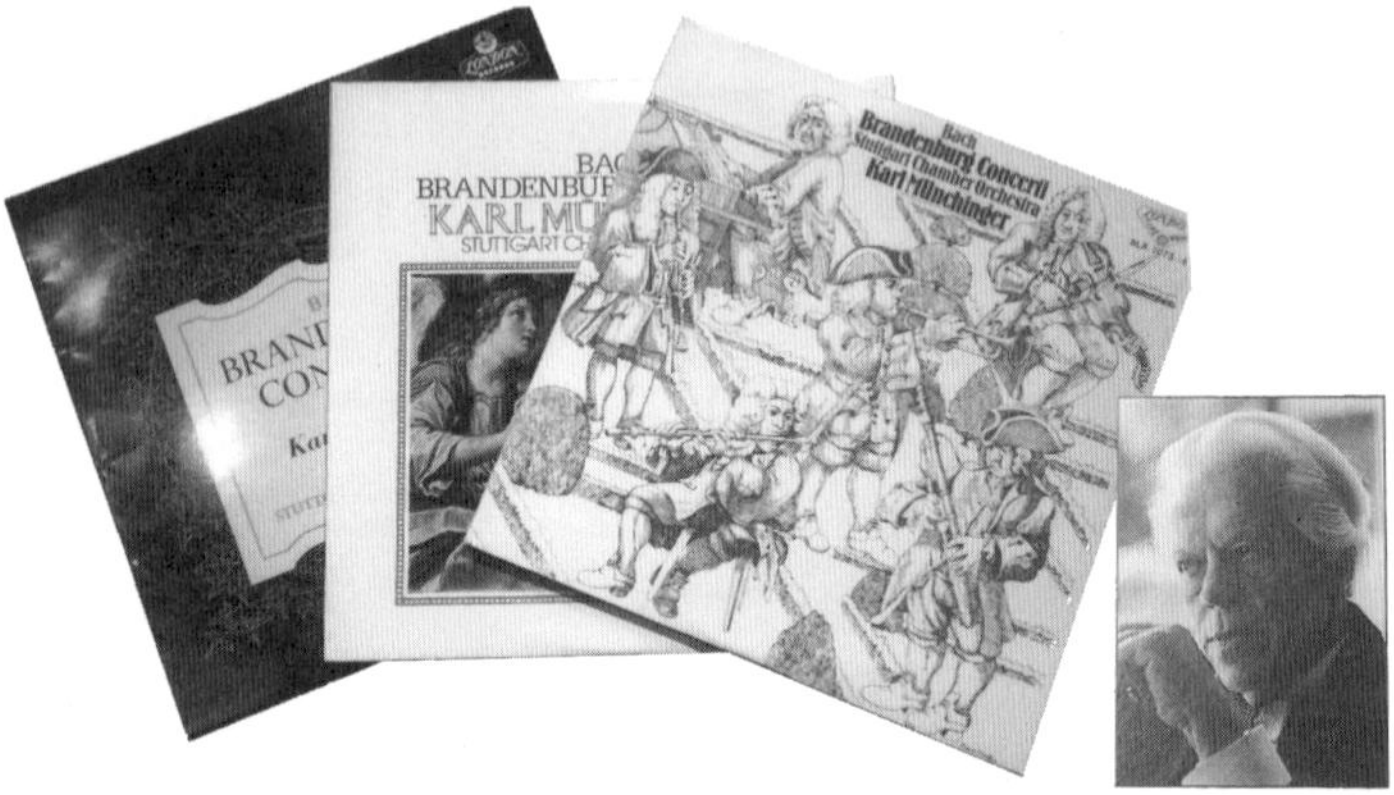

K. ミュンヒンガー「ブランデンブルク協奏曲」3LP

皆さん、こんにちは！　梅雨のまっただなかで毎日うっとうしい日々が続いていますが、今日はバッハの明るく、清々しいブランデンブルク協奏曲の「聴き比べ」で、ほんのひとときではあっても、梅雨のうっとうしさを吹き飛ばしましょう。

　これから申し上げますことは、今回に限ったことではありませんが、「聴き比べ」の対象曲は時間的制約のために一曲に限りますので、まずもって対象作曲家の本質的な曲でなければなりません。さりながら、いくら本質的な曲でもそれが不人気曲であったり、難解な曲であったりしてはちょっと具合が悪いと思います。したがって、本質的であって易しく、人気もある曲を選ぶこととします。そういう基準で選んだ結果が、バッハの場合、ブランデンブルク協奏曲だったというしだいです。

　さて、バッハ・シリーズ四回目の今回は「聴き比べ」の初回です。よって、まだあまり多くの曲も聴いていないビギナー相手に、なぜこのような難しいことを課すのかと首を傾げられる向きもあろうかと想像しますので、まずもってそのへんの理由からご説明しましょう。

皆さんは、「曲さえ良ければ、演奏などどうでもよいのではないか」あるいは、そこまで極端ではなくとも、「曲さえ良ければ、演奏はそこそこであればよいのではないか」と、ひょっとしたら思っておられるのではないでしょうか？　しかし、それがとんでもないお考え違いなのです。むしろ逆で、「曲が良くなければ、そこそこの演奏でもよい」のでしょうが、「曲が良ければ、断固　演奏も良くなければ駄目」なのです。先に挟《はさ》んでおきました「聴き比べ」のためのご案内で引例しましたバッハのマタイ受難曲やモーツァルトのジュピター交響曲やベートーヴェンの第九交響曲などはいずれも名演でなければ、作曲家の真情は再現……ドイツの大指揮者フルトヴェングラーの言葉を借りれば……再創造されていません。したがって、演奏の良し悪しを見わける力の養成はできるだけ早い時期から、できれば同時並行的に進めるに越したことはないと思うのです。英語を勉強するのに、英文法、英訳、英作文を先行させ、英会話を後回しにすべきでないのと同じことだと思います。とは申せ、徐々に慣らしていく程度の配慮が必要なことは言うをまちません。具体的にはそうした配慮から、今回は指揮者と演奏団体は一緒で、録音時期のみ異なるものを、しかも一聴して違いが分かる、分かりやすいものを選んであります。ちなみに、次回は指揮者は一緒で演奏団体が異なるものを、次々回は指揮者と演奏団体は異なるが独奏者だけは一緒というものを選ぶ予定です。

それではこれから、ブランデンブルク協奏曲の「聴き比べ」に移りますが、先にお断りしましたとおり、ブランデンブルク協奏曲の全曲について聴き比べましたら大変ですので、六曲中最も人気が高く、曲としても最も優れていると世評の高い「五番」についてのみ聴き比べます。つきましては、その「五番」の曲解説と、指揮者のカール・ミュンヒンガーと彼の手兵のシュトゥットガルト室内管弦楽団についてのプロフィルを、私の持っていますレコードのジャケットの中からビギナーの皆さんにも分かりやすいものをよりすぐり、かつまた抜粋、編集してお読みしますので、よく聴いていてください。

なお、読者の皆様には次頁及び次々頁の資料*をご参照ください。

＊　私自身の解説をつけても良かったのですが、試聴後の総括評にも私の見解は詳しく出ますので、私の価値観で塗りつぶすのもいかがなものかと思い、音楽評論家の先生方の見解も斟酌していただく意味も兼ねて、こうさせていただきました。

〈バッハ「ブランデンブルク協奏曲・第五番」解説〉

1719年3月、バッハの奉職するケーテンの宮廷に一台の新しいチェンバロが到着した。領主レオポルト公がこの楽器のために138ターラーを支出しているところをみると、かなり立派な楽器だったらしい。地方の一貴族にとって、この金額はけっして安いものではなかったから、新しいチェンバロが到着した時の楽長バッハの喜びと、主君への感謝の気持はどんなにか大きなものであったろう。彼はさっそくこの新しい楽器の紹介をかねて、自らが演奏するためにこの協奏曲を作曲したのであった。

この曲はブランデンブルク協奏曲全六曲のうちでも規模も大きく、内容的にも傑出しており、人気も最も高い曲である。独奏楽器はフルート、ヴァイオリン、チェンバロであり、合奏楽器は弦楽合奏に通奏低音である。

第一楽章：アレグロ　ニ長調　この楽章はリトルネルロ形式というトゥッティ（全奏）とソロ（独奏）とが交互に現われて曲が構成される形式で書かれている。楽章の頭にトゥッティで現われた基本主題が楽章中、何回も繰り返され、チェンバロのカデンツァの後にも現われて楽章を締めくくる。楽章の終わり近くでチェンバロだけで奏される長大なカデンツァ（無伴奏ソロ）が本楽章の圧巻である。
第二楽章：アフェットゥオーソ　ロ短調　バッハにとって、ロ短調は悲しみの調である。明朗な第一楽章と打って変わって、物悲しい感情が全体を支配する。独奏楽器のフルート、ヴァイオリン、チェンバロだけで演奏される、深みのある美しい楽章である。曲はまず、ヴァイオリンによって基本主題が奏され、これをフルートが模倣する。そして最後にチェンバロが続く。
第三楽章：アレグロ　ニ長調　三部形式で書かれた軽快なジーグのリズムに基づくフィナーレである。曲はまず、ヴァイオリン、フルート、チェンバロによる協奏的フーガによって開始され、中間部では基本主題が歌謡風に変形されて現われる。第三部では再びフーガが繰り返され、最後はクライマックスを力強く築いて曲を閉じる。

（キングレコード盤並びに徳間音楽工業盤ジャケットによる）

カール・ミュンヒンガーとシュトゥットガルト室内管弦楽団

カール・ミュンヒンガーは1915年にシュトゥットガルトで生まれた。彼は同じドイツの巨匠ヘルマン・アーベントロート（1883 – 1956）に指揮法を学び、22歳の1927年にハノーヴァーのニーダー・ザクセン交響楽団の指揮者となったが、このころすでにドイツ古典音楽に示した彼の優れた解釈は世の注目を集め、高い賞賛を勝ち得ていたと言われる。

しかし、小編成の室内管弦楽団によるバロック、古典音楽の演奏を理想とした彼は第二次世界大戦が終ると間もなく、故郷シュトゥットガルトに、ドイツ、オーストリアの優秀な弦楽器奏者を集めて、シュトゥットガルト室内管弦楽団を組織したのである。この楽団は完璧なアンサンブルを得るために約6ヵ月にわたる厳しい練習を積んだ後、1946年から演奏活動を開始し、たちまちドイツ最高の室内楽団として知られるようになった。1954年にはアメリカを訪れて絶賛を博し、1955年には来日して、ドイツ・バロック音楽の真髄を聴かせてくれた。

今日ではバロック音楽、あるいはそれ以前の音楽を、時代様式を全く無視して、ロマン派の音楽と同じように演奏しようとする乱暴な考え方は陰をひそめたが、ロマン派的な歪曲を排して、バロック音楽をそれが作曲された時代の本来の様式で再現すると言っても、使用楽器までオリジナルの古い楽器を用いてバロック時代の音をそのまま再現しようとする100％復古的な行き方と、古楽器こそ用いないものの、作品の時代様式を正しく把握し、作品の精神を現代に甦らせようとする考え方とがある。ミュンヒンガーはリヒター同様、後者の道をとる指揮者である。彼は常にバッハをはじめドイツ・バロック音楽の精神を直視し、それを現代に甦らせようとする厳しい態度を失わない。その演奏は年をとるにつれ、厳格さを減じて来ているとは言え、相変わらず重厚なドイツ的様式感に基礎を置きながら、いかなる場合にも調和を忘れず、清新なリズムと格調の高い端正な表現を取り続けている。今日どちらかと言うと前者の道をとる指揮者の方が優勢のように見受けるが、肝心なことは、行き方がどっちかではなく、行き方はどうあれ、作品の精神を再現しているか否かだと思われる。

（キングレコード盤ジャケットによる）

さあ、それでは、いよいよこれから、初の「聴き比べ」に入りますが、録音年順に聴いていただきます。最初が一九五〇年録音盤、ついで一九五八年録音盤、最後は一九七二年録音盤です。なお、のちほど、二、三人の方にご感想をお聞きしますので、そのつもりでしっかり聴いてください。

…………《レコード比較鑑賞》…………

いかがでしたか？　同じ指揮者による、同じ楽団による演奏でも、約一〇年ずつ隔たりますと、お聴きのような違いが出てくるのです。違いは皆さんおわかりいただけましたね（皆さん、肯く）。それではまず、お約束のご感想をお聞きしましょう。

私・それでは皆さん、それぞれのレコード（演奏）の感想をお聞かせください。Aさん（男性）、最初のレコードについて、どんな感想を持たれましたか？

Aさん・はい。えーと、そうですね。なにぶん初めての経験なもので、あまり自信はないのですが、他の演奏に比べて、押し付けがましさのない、爽やかな演奏とは感じましたが、それだけにあまり強い個性は感じませんでした。それに加えて古さのようなものも感じました。

私・はい、ありがとうございました。それではBさん（女性）、二番目のレコードについては、どんな感想を持たれましたか？

Bさん・はい、みんな同じには聞こえませんでしたが、どこがどう違うのか、そしてお尋ねの二番目の感想をと言われましても、正直なところ返答に窮します。済みません。

私・はい、正直なご返答でけっこうですよ。試験ではないのですから、あてずっぽうでお答えになる必要なんか全然ありませんよ。ありがとうございました。それではCさん（女性）、いかかですか？

Cさん・はい、そうですね、最初に比べるとやや現代的になったかなという感じ、それでも三番目に比べれば、やはりまだ少し古いかなという感じでした。この演奏の良いところは、わたくしは適度な流麗さと粘っこさがバランスしているところかな。生意気言うようですが……。

私・いえいえ、けっこうですよ。正直におっしゃってくださってありがとうございます。それでは最後に、Dさん（男性）、三番目のレコードについてはいかがでしたか？

Dさん・はい、スピード感溢れる、流れるような演奏で、とても現代的で爽やかに感じました。好き嫌いで言えば、わたしはこれが一番好きです。

どうも皆さん、ありがとうございました。どうやらDさんに限らず、皆さんは最後の演奏が一番お気に召されたようですね（皆さん、肯く）。それでは、皆さんにお尋ねするのはこのぐらいにして、締めに移らせていただきます。普通のクラシック音楽愛好会だったら、「皆さん、それぞれにお感じになったとおりでけっこうなのですよ」と言って終わるところなのですが、当会は幸か不幸かそうは参りません。当然、幸いと思っていただきたいのですが。ここんところが一番大事なところですから、ここで少々お時間をちょうだいします。そのへんの説明も含めて、ここで私から個別評と総評をさせていただきます。

「個別評」

一九五〇年盤・アレグロ楽章たる、第一・三楽章については、テンポ感も良く、皆さんはやや遅いように感じられたようですが、「ものを想う」にはこのぐらいのテンポが適当で、「強弱感」も国際化で無くなってきているのが最近の傾向ながら、この演奏はいかにもドイツの楽団らしく、それも適度にあり、大変好ましく思いました。作曲者のバッハはドイツ人なのですから、いずこの国の演奏者であれ、あって当たり前と思います。

緩徐楽章たる第二楽章は、この演奏の白眉と思わせます。「生かされていることの幸せを噛み締めている」がごとき風情はこの盤が一番と思いました。特に、ヴァイオリニストとフルーティストがうまく、両者の掛け合いはまさに絶品。最近の奏者は技ばかり達者で、味とかコクとかには全く縁の無い人たちが多いのですが、本当の腕達者とはこういう人たちのことを言うのだと思いますよ。ハープシコードも両者を後ろで楚々と支えている風情がみごとと思いました。最近は技ばかりで、こういう「心」の演奏がめっきり減ったように思います。嘆かわしい限りです。

一九五八年盤・第一楽章については、小気味良いテンポで、やや暗く哀調を帯びたヴァイオリンに導かれて、これはこれでなかなか素敵な音楽が紡がれていました。悪くない演奏と思います。

第二楽章も、短調の緩徐楽章にしては、引き続き速めのテンポと明るめの音色で統一していました。ここの演奏も悪くないと思いました。

第三楽章は、速度指定は第一楽章と同じ「アレグロ」ですが、この演奏では、やや抑えたテンポと歌わせ方でなかなかの好演であり、熱演と思いました。

一九七二年盤・第一・三楽章については、皆さんのお感じになったとおり、私も現代的で清々しい演奏とは思いますが、テンポがいかにも速過ぎると思います。特に、第一楽章が。バッハは本シリーズの一・二回で、ご紹介しましたように、本質的にモーツァルトのように「感じる」音楽家ではなく、「想う」音楽家だと思うのです。とすれば、「想いを馳せる」には、このテンポは、私には速過ぎます。私は、自分で申し上げるのもなんですが、頭の回転は遅い方ではありません。それでも、このテンポではついていけません。これに限らず、最近の演奏は同傾向です。後にモーツァルト・シリーズでご紹介します

H・ゲオンではありませんが、現代は、様式をきちっと守り、心的には独自性（個性）をもって迫るという伝統的アプローチを軽視し、ただひたすら素人にも分かりやすい外観上の特徴、つまり〝力〟と〝スピード〟で迫る演奏が多すぎるように私には思われます。それは聴衆がそういう演奏を好むからそういう結果が招来されるのでしょうが、聴衆が好むからその道のプロたる演奏家が（たまにならともかく）いつもいつも無批判にそれに迎合するというのも見識のない話です。それは真の芸術家のすることではないと思います。嘆かわしいことです。なるがゆえに、レコード（ＣＤ）にしろ実演にしろ、持つに値するものか、聴きに行くに値するものかを、各自で見極めなければなりません。その鑑識眼を培うのが、ほかならぬ当演奏比較鑑賞例会です。そういうしだいですので、しばらくはきついでしょうが、しっかり頑張ってついて来てください。

第二楽章も、フルートは名手ニコレで、さすがと思わせますが、相方のヴァイオリンが全く無神経な演奏振りで、コクに欠け、曲としての「白眉」たる本楽章の良さが全然出ていないと思います。

「総評」以上の個別評からすでにお気付きのとおり、私は皆さんとちょうど反対で、録音の一番古い一九五〇年盤を最も評価し、ついではその次に古い一九五八年盤を評価します。

（註）ご参考までに、ミュンヒンガーとシュトゥットガルト室内管とが残した録音には、映像付きですが、このほかに一九八五年のパリ・シャンゼリゼ宮殿におけるバッハ生誕三百年記念演奏盤があります。この演奏のスタンスは最初の録音時に逆戻りしたような感があり、しかもなかなかの熱演です。映像付きですから比較障害がありますが、ひょっとしたら彼らの残した録音ではベストかも知れません。機会があったら、一度じっくり聴いてみてください。

ところで、この機会を利用して最後に一つだけ問題指摘しておきたいことがあります。問題とは「結果が逆だった」ことではありません。問題なのは「手順」だと思います。具体的に言いますと、判定基準が皆さんと私では違うのではないかということです。この「基準」さえ正しければ、結果は極端に言って正反対でもかまわないと思います。私の想像するところ、皆さんの「基準」は（違っていたら御免なさい）ご自分の好み、それもきわめて感覚的なものではないでしょうか？　それに対して私のそれは、バッハがこの曲にどんな想い、どんな心情、どんな精神を盛り込んだのかをまず考え、それの再現、あるいは再創造のためには、演奏はどうあらねばならないかを考えるというものです。事前にくどいほど申し上げたつもりでしたが、十分には呑みこめていなかったようですね。しかし、それももっともなことです。一回聴いたぐらいで完璧に実行できたら、世話は要りません。繰り返し経験して初めて体得できるものでしょうからご努力ください。

最後に、誤解のないようにもう一つ付け加えますが、皆さん方の判定基準も、広く音楽全般の基準中には間違いなく存在します。間違いという性質のものではありません。ことは拠ってたつ価値観に関わる問題です。当会の理念である「クラシック音楽を己の精神の成長に役立てよう」という観点からすれば、ちょっと具合が悪いというだけのことです。私＝当会主宰者の音楽観は、「音楽」を楽の音を楽しむものとしてではなく、楽の音に学ぶもの、つまり「音学」ととらえていますから、「私は音楽をそこまでシヴィアに、あるいはシリアスには考えたくない。音楽はあくまで音を楽しむもの、つまり文字どおり『音楽』でいいのだ」とお考えの向きには、当会はおよそ場違いな音楽塾ということになりましょう（詳しくは巻末資料三―二ご参照）。

今日はいつもにもまして疲れられたでしょう。このへんでお開きにしましょう。お疲れさまでした。

（完）

バッハの名曲の名盤をもっと聴いてみたい人のために

（曲　名）　　　　　　　　（盤　名）

・管弦楽組曲（全４曲）：コッホ（DS）／ミュンヒンガー（L）／リヒター（Ar）
・ブランデンブルク協奏曲（全６曲）：同上
・チェンバロ協奏曲集：フィッシャー（A）／マルコム（Can）／リヒター（Ar）
・ヴァイオリン協奏曲（全３曲）：シェリング（新旧共 Ph）／メルクス（Ar）
・無伴奏ヴァイオリン（全６曲）：シェリング（新：G, 旧：CS）
・無伴奏チェロ組曲（全６曲）：フルニエ（Ar）／ロストロポーヴィッチ（A）
・ヴァイオリン・ソナタ（全６曲）：スーク（E）／バルヒェット（E）／メルクス（Ar）
・ヴィオラ ダ ガンバ・ソナタ（全３曲）：コッホ（HM）／フルニエ（E）
・フルート・ソナタ選集：グラーフ（Cl）／ニコレ（Ar）／ランパル（CS）
・オルガン曲集：アラン（E）／ヴァルヒャ（Ar）／リヒター（Ar）
・平均律クラヴィア曲集：ケンプ（G）／フィッシャー（A）／ランドフスカ（R）
・ゴールドベルク変奏曲：ケンプ（G）／ランドフスカ（R）／リヒター（Ar）
・チェンバロ曲集：フィッシャー（A）／ランドフスカ（R）／リヒター（Ar）
・教会カンタータ集：マウエルスベルガー（Ds）／リヒター（Ar）
・ミサ曲ロ短調：リヒター（新旧共 Ar）
・マタイ受難曲：マウエルスベルガー（De）／リヒター（新旧共 Ar）
・ヨハネ受難曲：リヒター（Ar）／ロッチェ（Ds）
・クリスマス・オラトリオ：フレーミヒ（Ds）／リヒター（Ar）

レーベル名・略号表

A	エンジェル	Ev	エヴェレスト
Ar	アルヒーフ	G	グラモフォン
Can	カンターテ	HM	ハルモニア・ムンディ
Cl	クラーヴェス	L	ロンドン
CS	CBS・ソニー	Ph	フィリップス
De	デンオン	R	ＲＣＡ
Ds	ドイツ・シャルプラッテン	Tel	テラーク
E	エラート	W	ウェストミンスター

※ 盤名の紹介はアルファベット順による

夏のわが山荘

インターミッション…………夏の湯布、つれづれ

霧のわが別荘村「東急湯布高原別荘村」と霧に霞む湯布院

湯布院の夏の一日も、おおむね朝霧の下から始まります。早朝の午前六時ごろの湯布院は一見、ぶ厚い朝霧の下でまだ眠っているように見えます。しかし、しばらく様子をうかがっていると、ディーゼル車のカタコト、カタコトという音や、遠くへ勤めに行く人の自動車の排気音などが、その下ではもう湯布院が起き出していると気づかせてくれます。その朝霧も、だいたい午前八時ごろから消え始め、二時間後の十時ごろには完全にその姿を消してしまいます。その間、時には、わが家の東方正面に位置する「狭霧台《さぎりだい》」上方の太陽が、雲間から濃く垂れ込めた朝霧の上に、横一列の薄く淡い斜光を降らせることがあります。それはまるで薄いレースのカーテンさながらに見えます。まさに自然が織りなす大舞台ショーを見る思いがします。それに時折り、わが山麓の空の主役・鴉《からす》の鳴き声が加わることがあります。そんなおりは鴉のカーカー、グヮーグヮーという鳴き声が山麓中に木霊《こだま》して、湯布院盆地独特の長閑《のどか》にして幻想的な雰囲気をいっそう際立たせてくれます。

その後、しばらく、四、五時間程度は灼熱の暑さが続きます。その暑いことったら、避暑地の湯布院とは言え、下界とちっとも変わらないように感じます。夏季の七―九月、よく晴れた日の午後は、わが山荘のデッキから真正面に見渡すことのできる、湯布院の主峰・由布岳から倉木山、城ヶ岳にかけての上空に、湧き立つような真夏の真っ白な大きな入道雲が現れます。私はこの入道雲を見ると、突飛なようですが、きまっていつもW・A・モーツァルトの最後の交響曲「ジュピター」が想い起こされます。幾層にも重なって、あたかも天空の巨人のように湧き立つ、その猛々しい入道雲が……最上層部の雲は、いつも夏の強い太陽光線を受けて、眩しいばかりに白く輝いていましたが……同交響曲の最終楽章、フガートを連想させるからです。しかも、私の耳に響きわたる演奏はいつも、モーツァルトを振らせてはその右に出る者なしと謳《うた》われた名指揮者B・ワルターの最後の録音盤、コロンビア交響楽団とのものでした。その幾層にも重なる雲塊を最下部から最上部にかけて、一つ、また一つと駆け上って行くがごとき風情はまさに、この老指揮者以外にはなし得ない名匠の技と思わせるからです。

「クラシック音楽祭」「トロッコ列車の旅」「納涼花火大会」のチラシ

ところで、音楽で思い出しましたが、湯布院の七月は「クラシック音楽祭」の季節でもあります。今年で二八回を数えますが、期間は七月二五—二八日となっています。過去連続して一七回出演され、当音楽祭の主役の一人であるチェンバリスト・小林道夫さんが今年から居を当地湯布院に移され、地元の人となられたことでもあり、従来にも増して盛り上がりを見せることでしょう。

　湯布院の夏の夜の楽しみは、なんと言ってもお盆の中日・八月一五日の夜に催される湯布院花火大会でしょう。一時間足らずのこじんまりしたものですが、この花火見物には特等席のわが家のデッキから見る湯布院花火大会はまた格別です。私たちにとりましては、全国に令名とどろく東京の両国のそれや、大阪の中之島のそれにも負けない素晴らしい花火大会です。

湯布院盆地の夏も、以上のとおりなかなか素敵ですが、湯布院近郊の夏もまた捨てたものではありませんよ。これから、ちょっと郊外に出てみることにしましょう。

昨年の夏のある日、それはお盆の中日のことだったのですが、湯布院から大分に向う道すがら、隣り町の庄内町（現在は湯布院とともに同じ由布市）を通りました。車窓から見る棚田の稲穂が夏の風に吹かれて揺れている様《さま》は、まさに田舎の夏の一風物詩と感じ入りました。素通りするに忍びず、車をちょっと止めて田んぼの中に立ってみると、稲の葉末に結ぶ白露の輝きが一段と夏の趣を増してくれていました。

復路はちょっと遠回りして別府経由で帰ったため、途中市境の「狭霧台」という峠を通りましたが、よく生育した萱《かや》が夏の強い陽射しをうけて、由布おろしの強風に打たれ、波打っている様も、この地の夏の風物詩と思われました。風下に立つと、特有の草いきれも嗅ぎわけられ、まさに生きていることの悦び、「生の悦び」を実感する思いでした。

最後に、土地の人たちの人柄を偲ばせるエピソードを一、二ご披露しましょう。

稽古事で別府に行く妻にくっついて、同市まで来たついでに所用を済ませ、妻との待ち合わせ場所であるコミュニティ・センターに廻ったところ、そこでセンターの温泉に入りにきていた八〇歳くらいのおばあちゃんと出逢いました。しばし、世間話しをしてさよならしましたが、かれこれ三、四〇分ばかり話しこんだでしょうか。学校のこと、役所のこと、神社

「朝霧台」から望む

のこと、病院のこと、果ては墓地のことまで、話題も多岐にわたりました。行きずりの見知らぬ人間とこんなに話しこむようなことは、都会地ではおよそ考えられないことです。

おばあちゃんが帰って行ったので、やおら持参の本を取りだして読みだすと、今度は私とほぼ同年輩のご婦人が私の側を通りかかったのですが、私が本を読んでいるのに電灯がついていないのに気付くと、さりげなくスイッチをいれてくれたのです。即座に反応してお礼を言いましたが、これまた、いや、こんなことこそ都会地ではまずないことと感じ入ったしだいです。

（完）

（二〇〇二年記）

夏季セッション

●七月度サブ例会●

モーツァルトへの誘い（一）

――人と作品紹介（前半生篇）――

#【例会案内】

‘03年7月度サブ例会

“モーツァルトへの誘い（1）”

～人と作品紹介（前半生篇）～

ゆふいん熟塾

このところうっとうしい日々が続いていますが、例会日当日までには梅雨が明けてくれることを期待しています。

さて、今年度・第一セッションでは“聖”と“俗”という二つの顔を持った大作曲家のバッハについて学びましたが、第二セッションは“パトス（情熱）”と“トリステス（悲哀）”という二つの顔を持った天才作曲家のモーツァルトを学ぶ番です。

第一回目は彼の前半生であるザルツブルク時代までの生涯と作品について学び、関連曲のレコードを聴きます。早熟な彼でしたが、バッハ、ベートーヴェンなど他の偉大な作曲家と真に比肩しうるまでにその魂が巨大化するのは、次回ご紹介するウィーン時代においてですが、ザルツブルク時代の作品にはこの期にしか見出せない魅力的な曲もまた多いのですよ。そういった曲を選りすぐり、それにふさわしい演奏を選りすぐってご紹介するつもりです。お楽しみに！

記

1．日時・場所

‘03/7/5（土） 14:00 ～ 17:00 於カリタス・アカデミー

2．例会内容

第一部：人と作品紹介（前半生篇）

1）人と成り紹介

2）作品紹介・試聴

（1）交響曲第25番、第31番&第34番

（2）フルートとハープのための協奏曲

（3）ヴァイオリン・ソナタ（K304）

（4）ピアノ・ソナタ（K310）

第二部：懇談（with coffee and cakes）

【例会記録】

モーツァルト前半生ゆかりのザルツブルク

皆さん、こんにちは！　のっけから、個人的なことで恐縮ですが、先月までのシリーズでは、私の最も尊敬する音楽家のバッハ、そして今月からのシリーズでは、私の最も好きな音楽家のモーツァルトの番です。したがいまして、私がモーツァルトに関して蘊蓄《うんちく》を傾け始めますと際限がなくなる恐れがありますので、レクチャーではビギナーとして最低限知っておかれるべきことに限らせていただきます。たらずまえは、私がモーツァルトに関して以前に纏めたもののコピー（巻末資料三―一参照）をお手元にお配りしてありますので、お持ち帰りになって、ざっとでもお目通しください。とまれ、私のモーツァルト観は、玄人筋の間では多数派ですが、素人筋の間では少数派の「憂愁」の色濃いもの――つまり、硬派モーツァルティアンですから、面喰らわれませんように！

冗談はさておき、さっそく本題に入りましょう。

さて、モーツァルトを語るとき、何にも増して「旅」に触れないわけにはいきません。メーリケの『旅の日のモーツァルト』——必ずしも史実に忠実とは言えないようですが——ほかで、つとに有名なように、「旅」に触れなければ、画竜点睛を欠きます。モーツァルトにもし「旅」なかりせば、もともと類まれな天賦の才に恵まれてはいましたけれども、その才能が大きく花開くことはなかったかもしれません。ここで、用意しました地図のコピー（文末の添付資料参照）を御覧ください。地名のあるところが彼の訪問地です。凄い数でしょう？　これでもすべてではないのですよ。小さい町はこの地図には載せきれませんので、省いてあります。したがって、彼の訪れたところはこれ以上あります。これらの旅は彼の父親が、よく言えば、広く世間を見せ、学ばせるため、悪く言えば、就職活動のために、幼い彼を連れ歩いた結果です。しかし、理由はどうあれ、その旅が彼を大人《たいじん》に育て上げます。二四歳でウィーンに定住してからは、さすがにその旅も少なくなって行きますが、それ以前は、文字通り、旅に明け、旅に暮れた感があります。主だったものをつぎにご紹介しますと、六歳の時のミュンヘンとウィーンへの旅行を皮切りに、七歳から十歳にかけてのパリとロンドンへの旅行、一一歳から一三歳にかけての第二回ウィーン旅行、そしてクライマックスたる一三歳から一七歳にかけての三回にわたるイタリアへの大旅行が続きます。いずれの旅行においても、モーツァルトの人並みはずれた鋭敏な感受性が多くのことを鋭くとらえ、それらを血とし肉としたことと想像しますが、とりわけ前後三回にわたるイタリア旅行が彼にもたらした影響には計り知れぬものがあったと思います。これから、その三回目のイタリア旅行から帰ってすぐに作られた曲である交響曲第二五番をお聴きいただきます。作曲家には宿命的な「調性」があるとよく言われます。バッハのロ短調、ベートーヴェンのハ短調がそれです。モーツァルトの場合はト短調です。モーツァルトをお砂糖のきいた、甘く、明るく、優美な作曲家と見る向きが多いのですが、とりわけ素人筋に顕著ですが、本質的には「情熱」と「哀感」の作曲家だと思います。その萌芽が見えるのが、彼の宿命的な調性の「ト短調」を持つ、この曲でしょう。姉妹曲に四〇番（大ト短調）がありますが、曲の価値性からみれば、これにはとうてい太刀打ちできるものではありませんが、ただ一つ優れたところがあるとすれば、淡い楚々《そそ》たる風情でしょうか？　それではこれからその第一楽章を聴いていただきましょう。

＊　＊　＊　＊　＊

三回にわたるイタリア旅行の後、モーツァルト父子は大旅行と言えるほどの旅行には出掛けておりません。故郷・ザルツブルクに逼塞《ひっそく》しております。理解のない主君である大司教の足枷《あしかせ》があったからです。しかし年々、魂が巨大化して行くモーツァルトをそう長くは引き留めておくことはできませんでした。主君と衝突した二一歳のモーツァルトは父を故郷に残し、母親と二人で運命的な「マンハイム・パリ旅行」に旅立ちます。この旅行の目的も、やはりこれまで同様、就職活動でした。しかし、一五カ月にわたるこの旅行も、モーツァルトの心に大きな二つの傷跡を残して失敗に終わります。二つの傷跡とは、一つが「人生初めての失恋」であり、もう一つが「旅先での最愛の母親との永久《とわ》の別れ」でした。

それではここで、この旅行の途中、パリで作曲されたと言われている、この期を代表する四曲（K二九七、K二九九、K三〇四、K三一〇）をそれぞれ第一楽章のさわり部分だけ、続けて聴いていただきましょう。

＊　＊　＊　＊

いかがでしたか？　前の二曲と後の二曲の間に、なにか質的に違うもの、あるいは決定的に異なるものを聴き取られませんでしたでしょうか？　受注作品（前二曲）と自主作品（後二曲）の違いもありましょうが、私はそうした違い以上の差、つまり本質的な差異を聴き取ります。K二九七の交響曲三一番「パリ」は、前述のようなドラスティックな経験の最中《さなか》で作られたにしては明る過ぎますし、彼のシリアスな時の特徴たる「パトス（情熱）とトリステス（哀感）」もあるにはあるものの、今日、最初に聴いたK一八三の「交響曲第二五番」と大差なく、K二九九の「フルートとハープのための協奏曲」に至っては、優美・明朗一点張りです。それに対して、後の二曲は哀調を主体とするものと明るさを主体とするものとの違いはあれ、ともに「パトスとトリステス」は今までついぞ聴くことができなかったほどの激しさと痛切さを感じさせます。

それでは、それはいったい何に起因しているのでしょうか？　私は、それはアンリ・ゲオン（フランスの作家。次々回の例会で彼のモーツァルトに関する有名な作品を取り上げます）も指摘している、モーツァルトの旺盛なる懐疑的精神が、人生初の失恋と母親の死という過酷な人生体験に遭遇して、当時、弱冠二二歳ながら早くも嗅ぎつけた「不条理」と「孤独」の認識であったろうと思います。この不条理の認識と孤独感は、これから晩年に向けていっそうその激しさと痛切さを増して行きます。そのことは次回に詳しくお話ししますが、あらかじめ頭に畳み込んでおいてください。

ともあれ、パリにおける就職活動に失敗したモーツァルトはやむなく重い足を引きずるようにして、ひとり寂しく故郷のザルツブルクに帰ってきます。そして、その地でその後の二年間を腕を撫《ぶ》すように、逼塞《ひっそく》の生活を続けます。ここらあたりの事情を詳しく伝える文章が、前述の私のモーツァルト論にありますので、次にそこから該当部分を抜き出してご紹介することにしましょう。

神童として持て囃《はや》された少年期の栄光は長くは続きませんでした。物珍しさが減ずるにつれ、また個性が際立つにつれ、彼は次第に大衆から見放されていきます。生まれ故郷ザルツブルクに、続いて音楽の都・ウィーンにも見捨てられたモーツァルトは、一七七七年二一歳の秋に、新天地を求めて母親と共に遠くパリへ旅立ちますが、その旅行中に彼が図らずも遭遇したものは、一つは本意に反して不首尾に終わった青春の日の熱い情熱「恋」の経験であり、もう一つは皮肉にもその炎の真っ只中で彼を襲った最愛の母親との「永遠の別離」でありました。それらは確かに耐え難い不幸な出来事ではありましたが、キリスト教的な見方をすれば、それらは彼の魂の発展の為に神がわざわざ与えられたもの、つまり「神の摂理」であったかも知れませんし、実存主義的な見方をすれば、それらは彼にとり人生最初の「不条理の啓示」であったかも知れません。彼はそれらを体験することにより、否応なしに「孤独」を痛感せざるを得なかったでしょうし、その「孤独」の認識を介して、「愛」とは何か、「生」とは何かを自問し始めたに違いありませんから。

「孤独」……それは何という空疎にして冷たい感触を持つ言葉でありましょう。その来訪を願う者はなく、誰しも出来るなら、それとの邂逅《かいこう》は永遠に避けたいと願うでありましょうし、「孤独」の究極のものたる「死」は、人間にとり最大の恐怖であります。モーツァルトもその点では決して例外ではなく、母の死について手紙の中に次の様に書き残しています。

ご承知の様に僕はまだ人の死ぬのを一度も見たことがありません。（そうありたいと願っていたのですが）だのに初めて見る死が他ならぬ母のそれとは、この瞬間、僕は今までにない不安を感じ……。

確かに人情として、「孤独」まして「死」を回避する気持は自然の理《ことわり》と言えましょう。しかし、長い人生、広い交わりにおいて、「孤独」との邂逅《かいこう》を回避しとおせるものでありましょうか。「孤独」とは、それと気付かぬうちに何時の間にか胸中深く忍び込んでいるもの、或いは思わぬところで痛いほど思い知らされるもの、そのようなものではありませんでしょうか。一度この世に生を受けたからは早晩まみえねばならないものと思います。まして「孤独」とは、「愛」と正反対のものの様に見えて実は「真の愛」の母胎ともなりうること、例えて言えば、恋愛にしても友情にしても、そのあるべき姿に気付くのは得てしてそれらを失った時であることを思えば、それは決して回避さるべきものではなく、飽く迄直視さるべきものと考えます。然らば人は誰でも、「孤独」に耐えそれを超えるものを、その身の毛も弥立《よだ》つ深淵を前にして、唯一人模索しなければなりません。とまれ、作品の上には、それまで姿を現わさなかった彼の天性の旺盛な「懐疑的精神」が、このパリ旅行を契機として顕在化する様に思われてなりません。この時期の作品に初めて美しいけれども、紛れもない翳《かげ》りを見せ始めるからであります（K三〇四、K三一〇、K三一六）。それは夜空を走る流星の様に一瞬の交錯《こうさく》ではありますが、明晰《めいせき》にして透徹《とうてつ》せる「暗い情念＝懐疑的精神」の投影以外の何物でもありません。

やがて、ロココ風の優雅な佇《たたず》まい、にこやかな微笑みの陰に、不条理を超えて彼岸を希求するイデアリスト・モーツァルトの言いようのない、深い哀しみが……敢えて例えれば、余りにも蒼く澄んでいるが故に、却って哀しみを誘う南国の碧空の「哀しみ」が感じられる様になります。それは単なる涙もろい感傷ではなく、理性的精神に基づく魂の孤独な苦悶であり、しかも徹頭徹尾、明晰であることを止めません。「孤独」を噛み締め、「死」を垣間《かいま》見る機会をモーツァルトに与えたパリ旅行は彼の後半生の方向を決定付けたと言っても過言ではないほど、極めて重要な意義を持つ出来事であったと考えます。

海辺に、荒涼たる夜の海辺に、
若者がひとり佇んでいる。
胸は憂愁にみち、頭は懐疑にとざされ、
暗い口調で彼は波に問う。
「人生の謎を解いてくれ、恐ろしく古いこの謎を。
…………（中略）…………
波よ、教えてくれ、人間とは一体何だ。
人間はどこから来てどこへ行くのか。
あの天空の金色の星には誰が住んでいるのか。」
波は永遠にざわめき、風が吹き、雲が去来する。
星は無関心に冷たく輝き、愚者は答えを待っている。
（ハイネ詩集「歌の本」井上正蔵訳　より）

ザルツブルク在住最後の年である一七八〇年、彼二三歳の年に、ザルツブルク時代の総決算のような佳曲、交響曲第三四番（K三三八）が生み出されます。次に来るウィーン時代の巨匠への大飛躍を予見させるような壮麗な曲です。今日はベーム盤でその第一楽章を聴きながら、お開きとしましょう。お疲れさまでした。

（完）

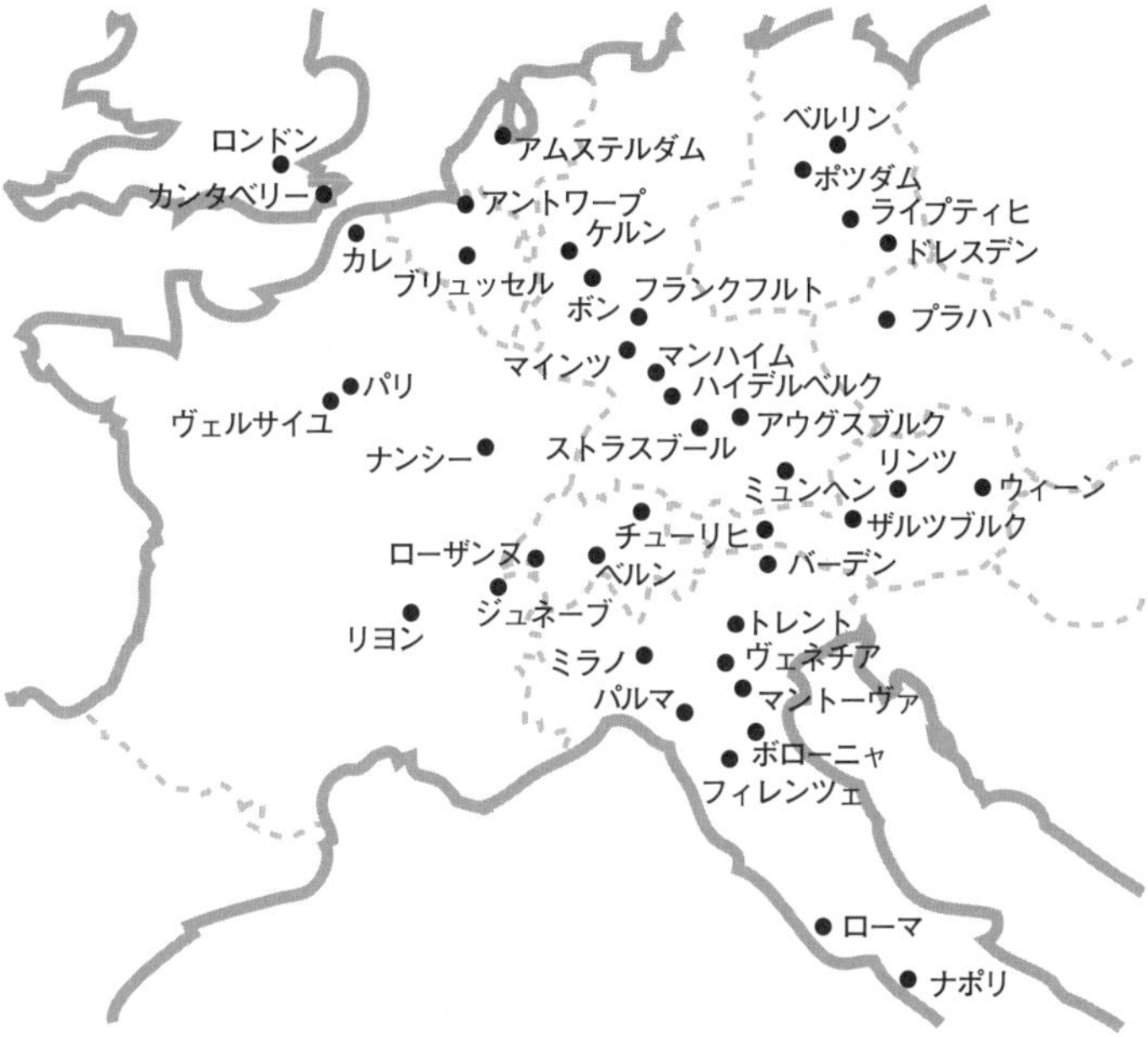

モーツァルトゆかりの地

●八月度サブ例会●

モーツァルトへの誘い（二）

――人と作品紹介（後半生篇）――

【例会案内】

‘03年8月度サブ例会

“モーツァルトへの誘い（2）”

～人と作品紹介（後半生篇）～

ゆふいん熟塾

例会日当日は夏、真っただ中です。さぞかし暑いことでしょう。ところで、皆さん、その“真夏”という言葉から連想される音楽は？とお尋ねしたら、何を連想されますか？　メンデルスゾーンの「真夏の夜の夢」やヘンデルの「王宮の花火の音楽」か「水上の音楽」などを想起されるかもしれませんね。ところが、(個人的なことで恐縮ですが）私はそれらのいずれでもなく、意外に思われるかもしれませんが、今シリーズの主人公：モーツァルトの交響曲第41番“ジュピター”をきまって想起するのです。その理由は講義の時の“お楽しみ”。*

今回の講義中のレコード試聴は、その“ジュピター”を中心に彼の後半生……つまりウィーンに移って以降の作品の中から、下記のとおりいずれ劣らぬ傑作、佳曲ばかりを選び、しかも名演ばかりで固めました。お楽しみに！

記

1．日時・場所

‘03/8/9（土）　14:00～17:00　於カリタス・アカデミー

2．例会内容

第一部：人と作品紹介（後半生篇）

1）人と成り紹介

2）作品紹介・試聴

（1）交響曲第40番&第41番“ジュピター”

（2）ピアノ協奏曲第19番&第20番

第二部：懇談（with coffee and cakes）

＊ 読者の皆さんはもうお分かりですね。先行する「インターミッション……夏の湯布、つれづれ」の中ですでにお話ししていますから。

【例会記録】

皆さん、こんにちは！　今月は高地にある湯布院とは言え、暑い盛りですが、頑張って勉強して参りましょう。今回はモーツァルトの後半生、つまりウィーン時代について学ぶのですが、二つに、すなわち（一）興隆期たる一七八一―五年までと、（二）衰退期たる一七八六―九一までに区分して見ていきましょう。ちなみに、最後の年一七九一年だけは、最晩年期として別立てにされることもありますが、そのように扱うのは、ビギナーの皆さんにはいかにも時期尚早と言いますか、細かに過ぎると思い、概念上は（二）に含め、事実上は割愛しましたので、悪しからず！

一　後半生・第一期（一七八一―五年）

モーツァルトは、二四歳の夏、大司教の束縛《そくばく》、父レオポルトの慰留《いりゅう》をも振りきり、不退転の決意をもって、ウィーン市グラーベン通り一一七五に引っ越します。この前後に作られた六曲のヴァイオリン・ソナタ（K三七八他）には、大司教や父親といった足枷の重かった逼塞の地であるザルツブルクから、これといった定職はないものの、才能しだいで自由に羽ばたけるウィーンにすべてを懸ける青年モーツァルトの気概がみなぎっているように思います。彼のこの町に懸けた期待のほどがひしひしと伝わってくるように感じます。

ウィーンに引っ越して三年目の一七八四年の夏、モーツァルトはこの地でようやく大輪の花を咲かせ、絶頂期に差し掛かろうとしていました。彼自身が組織した（最大時で）一七四名に達する予約会員のための演奏会が連続して開催されます。プログラムの中心は、もちろん、彼自身がピアノを弾く「ピアノ協奏曲」でした。交響曲は当時まだ人気がありませんでしたから、このコンサートのために、彼自身が二年にわたって書いたピアノ協奏曲は、合計なんと一一曲の多きを数えます。

ウィーンのブルク庭園に建つモーツァルト像

翌一七八五年二月から四月末にかけて、父レオポルトはウィーンを訪れ、幸いにも絶頂期の息子モーツァルトの活躍ぶりを目のあたりにします。

滞在中に息子の自作曲（ピアノ協奏曲第二〇番）の演奏に接した父は、彼の成長と成功を確信し、さぞ感動を禁じ得なかったことでしょう。自宅に先輩J・ハイドンを招待した演奏会でも、彼にささげた弦楽四重奏曲を披露して、ハイドンから最大級の賛辞を受けます。お父さんもさぞ満足だったでしょうね。

それでは、ここで、モーツァルトの得意満面の姿を思い浮かべながら、思い出の二曲、ピアノ協奏曲第一九番と第二〇番をハスキル盤で聴きましょう。

＊＊＊＊＊

いかがでしたか？　一部分だけでしたが、素晴らしい曲の、素晴らしい演奏でしたね。しかし、両曲間の作曲時期の差はわずか二カ月ばかりなのですが、その間になにか本質的な差異を感じられませんでしたか？　一九番もおかけした第二楽章などなかなか素敵なところもありますが、二〇番は全楽章魅力的です。それになによりもピアノ協奏曲にデモーニッシュ（悪魔的）なものが現われた初作品です。前者がギャラントリー（優美華麗）な協奏曲の最後の作品とすれば、後者はパトスとトリステス溢れる、そしてときに激烈にしてデモーニッシュさ（悪魔性）さえ漂う、いわば魂の歌とも言うべき最初の作品です。

二　後半生・第二期（一七八六―九一年）

しかし、モーツァルトのウィーンでの人気は長くは続きませんでした。翌一七八六年春には、早くも退潮の兆しが見えはじめます。同年四月に、新作であるもう一つの短調のピアノ協奏曲第二四番を演奏しますが、これが不本意にも予約演奏会の最後となります。ウィーンでの人気続落のなか、この年末には、はからずも彼の歌劇「フィガロの結婚」がチェコのプラハで大当たりしますが、そこでの人気沸騰にもかかわらず、彼の活動の本拠たるウィーンでの人気の衰退には、翌一七八七年も歯止めがかかりません。

そして、翌一七八八年春ごろから、事態はいっそう悪化します。そのあたりから友人や知人宛ての借金を懇願する手紙が急増します。そんななかで、ザルツブルクから移ってきて八度目の夏が訪れます。フランスの作家アミエルが、日記の中で、この世の森羅万象は人間の心を厳然と離れて存在するのではなくて、その人の、その時の心をすべて映すのだというようなことを言っていますが、まさにそのとおりで、その年のウィーンの夏も、いつもと変わらず、光彩陸離たる夏であったろうと想像されますが、モーツァルトはその光を、輝きを、眩しさを見ていなかったのではないでしょうか、否それどころか、彼の目には、アルプス以北の欧州が暗雲に閉じ込められる「厳冬」のように映っていたのではないでしょうか。振り返って見ますと、モーツァルトにとって「夏」はなにか運命的な季節のように思われてなりません。異国のパリの暗い一室で天国へ旅立つ最愛の母を一人寂しく見送ったのも一七七八年の夏、大司教の、そして父の呪縛を逃れて、決然とウィーンに居を定めたのも一七八一年の夏、その後、一時は天国の住人になれたように思えたのも束の間、一転して地獄に突きおとされ、奈落の底でまさに悪戦苦闘しているかの観のあるのがこの年、一七八八年の夏です。おそらく、モーツァルトの脳裏には、それら三つの「夏」が走馬灯のように駆けめぐっていたことでしょう。その後も、事態はいっときも好転することなく、自然の好条件とは裏腹に、またしても「逼塞」の期間の始まりとなります。ザルツブルクでの逼塞の原因となったのは、大司教の束縛でしたが、ここウィーンでのそれは、病弱の妻と子供を抱えての経済的困窮でした。夏には交響曲を作らないと言われたモーツァルトが、売れる当てもなく、また演奏される当てもないなか、ジンクスを破ってまで作った三大交響曲（第三九・四〇・四一番）の作曲目的はいったい何だったのでしょうか？翌一七八九年の予約演奏会が当てだったとも言われていますが、その演奏会はついに開かれませんでした。

この時期、さしも「中庸の美」を生涯のモットーとした彼も、彼の音楽の二大特徴たる「パトス」（情熱）と「トリステス」（哀感）は人生中、最大振幅に達し、まさに破綻寸前までいっている観があります。それではここで、哀切をきわめ、悲痛ささえ漂う交響曲第四〇番（K五五〇）と、およそそれとは裏腹な、それでもなお彼岸を希求してやまない風情の交響曲第四一番（K五五一）のそれぞれさわり部分を聴いて、お開きとしましょう。お疲れさまでした。なお、演奏はK・ベームとともにモーツァルトのスペシャリストと謳《うた》われたB・ワルターがコロンビア交響楽団を指揮したものです。

＊　＊　＊　＊　＊

それでは、最後に、彼の「晩年」に関する締めとして、彼の人間としての核心、また音楽としての核心について、私の愚見を前回同様、私のモーツァルト論（詳しくは巻末資料三―一参照）から抜粋しご披露して、お開きとしましょう。

彼の生涯は正確に言えば、三十五年と十カ月でした。このような短い生涯の、いかに最後期に対してにしろ、「晩年」と呼ぶには、その言葉の持つ響きは何かそぐわないものを感じさせます。

しかし、機械である時計の営みとは異なり、総ての人間が同じ一日を持つ訳ではなく、時間と成果の関係は夫々の能力と努力に応じて千差万別であります。

「晩年」とは年齢に関係なく、「孤独」の深淵を見つめた時、つまり「死」を意識した時から始まるものと考えます。母親の死を旅先であるパリの仮寓において血族として唯ひとり、不安と憂慮の内に見守った時、すでにそれを垣間見た筈であります。しかし、その時はまだ見詰めてはいなかったのです。彼が初めて忍び寄る死の足音を身近に聴き、死の予感を自己の体内に感じたのは、一七八五年（三〇歳）の秋であったと想像されます。

彼自身も属していた「フリーメーソン」の同志であり、敬愛もしていたメクレンブルク公、エステルハーツィ伯が相ついで世を去ったこの秋に、鋭く研ぎ澄まされた直観力の持主であったモーツァルトは、間違いなく自己の死を意識し始めたと思います。更に翌一七八六年には三男を生後一カ月にして失い、翌々一七八七年には唯ひとりの肉親であった父親にも死別します。さらに続いて同年輩の友人たち（ハッツフェルト、ハフナー、パリザーニ）が次々と世を去ります。この時モーツァルトはその深淵の最も深いところを見つめていたに違いないと思います。

この晩年期の作品「K四八一、K四九一、K五〇四、K五一五、K五一六、K五二六、K五四三、K五五〇、K五五一」における想念のダイナミズムは生涯最大の振幅に達し、哀切・悲痛さの度合いを益々増して行く一方、激しく彼岸の世界を希求します。そこに見出される想念の多様さ、深さは彼の魂がまさしく「偉大なる魂」に成長したことをなによりも雄弁に物語っております。

短調の作品における渦巻くような暗く悪魔的な情念と、尋常ならざる速さで疾走する清冽な哀感は息詰まるような劇的緊張度をいやが上にも高めますが、それは「虚無との血みどろの孤独な闘い」であり、ニーチェの言う「ニヒリズムに浸された最高度の形而上的反抗」であります。
一方、長調の作品においては、デーモン（悪魔）の魔手を決然と拒み、神の求めに従うべきこと、そして神と共に在ることの至福を高らかに歌います。私たちはそれに接する時、彼の確信に満ちたしっかりした足音を聞く思いが……そして睫《まつげ》の濃いどこか憂いを含んだような彼の瞳が一瞬ではありますが、快心の笑みを洩らすのを見る思いがします。

わが心定まれり。神よ、わが心定まれり。
われ歌いまつらん、たたえまつらん。
わが栄えよ、さめよ。箏よ、琴よ、さめよ。
われ、しののめを呼びさまさん。

（旧約聖書・詩篇五七）

（完）

●九月度サブ例会●

モーツァルトへの誘い（三）

――関係書講読――

【例会案内】

‘03年9月度サブ例会

“モーツァルトへの誘い（3）”

〜関係書講読〜

ゆふいん熟塾

“六歳のころからヨーロッパ中を引き回され、まるで芸を仕込まれた犬のように王侯たちの前で見せものにされ、お世辞や、贈りものや、愛撫を山ほど受けた少年モーツァルトが、彼に好意ありげな人たちに向かって、しばしば次のような素朴な質問をしたということである。〈ぼく好き？　ほんとに好き？〉　これこそ彼の最も切実な要求であった。”というくだりから始まるフランス人作家、アンリ・ゲオンの「モーツァルトとの散歩」は、数々の虚飾や不実や挫折の体験に根ざす“不条理の哲学”が、あたかも通奏低音のように全篇に流れる、硬派モーツァルティアンにとってはたまらない魅力に満ちた一篇です。

本書は二段組印刷で400ページを超す大作ですが、その中からポイントと思われる数箇所をピックアップしてご紹介します。約35年の短い生涯を、天賦の才に恵まれ、明るく屈託なく過ごしたと思われがちなモーツァルトですが、そんな想像とはおよそ裏腹な、苦悶に満ちた彼の心の軌跡をアンリ・ゲオンに導かれてご一緒に追体験しましょう。このような追体験なくしては、彼の作品のまったき理解や共感は不可能だと思います。真剣に読み、聴き、学び取ってください。

記

1．日時・場所

‘03/9/6（土）　14:00 〜 17:00　於湯布院中央公民館

2．例会内容

第一部：レクチャー&コンサート

1）関係書講読

H.ゲオン著「モーツァルトとの散歩」（白水社刊）

2）作品試聴

Sym.#25/33/41/ 協奏交響曲 K364/ VS（K378）/
弦楽五重奏曲 ト短調（K516）

第二部：懇談（with coffee and cakes）

#【例会記録】

皆さん、こんにちは！　九月に入り、やっと朝晩など、だいぶ凌《しの》ぎやすくなって参りました。芸術に勤《いそ》しむには格好の季節も近いことですし、頑張って参りましょう。

さて、今回はモーツァルトの関係書を読む例会です。彼に関する書物は、音楽界では、エピソード同様、飛びぬけて多いのですが、その中でモーツァルト自身に対する「愛」において、またその作品に対する「造詣」において、突出した存在たるアンリ・ゲオンの『モーツァルトとの散歩』（写真参照）を読むことにしました。

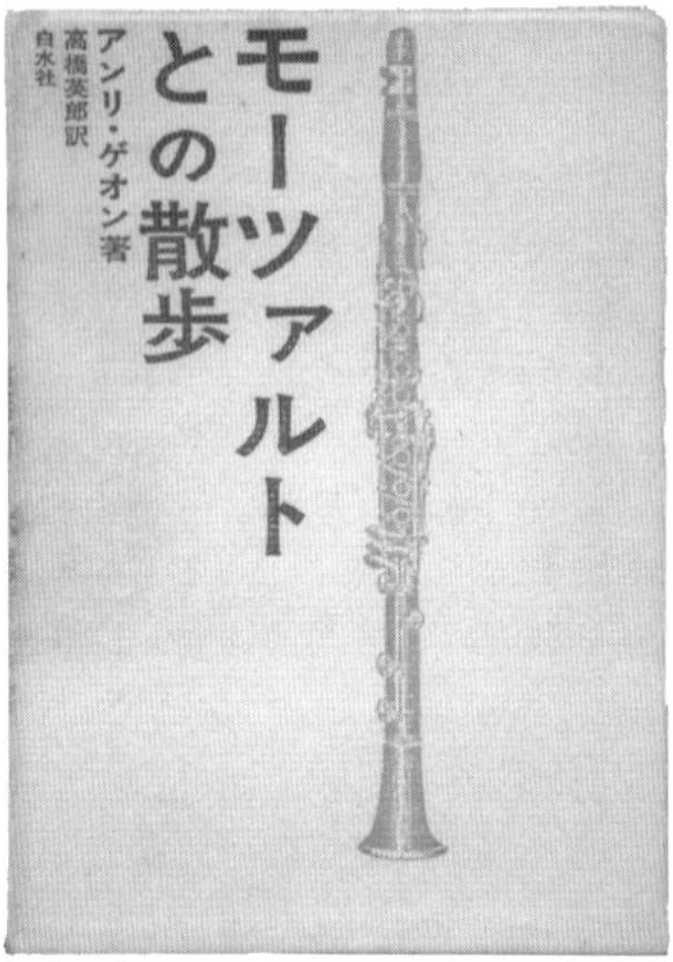

H. ゲオン著（高橋英郎訳）『モーツァルトとの散歩』

ゲオンは今月度例会のご案内にも書きましたように、音楽関係のプロではありません。フランスの単なる作家です。それなのに、なぜこのような音楽書を書いたのでしょうか？　皆さん、不思議に思われませんか？　私も最初にこの本に接したとき、そう思いました。しかし、その謎はこの本の序言を読めばただちに解けるのです。したがって、本日の講義はこの謎解きからスタートさせようと思います。

一　ゲオンが本書を書いた理由

あらゆる芸術が対立している混乱のさなかに、子供（モーツァルトのこと）*こそ言うべき自分の言葉を持ち、他人に与えるだけの自分の意見を、少なくとも慰めの言葉を持っていると私は思う。もし、彼から慰められず、忠告を受けていなかったならば、私は決してこの本を企てなかっただろう。これは専門家によるものでも、歴史家によるものでもなく、美のあらゆる様式に共鳴し、類推によってそれを判断する、想像力たくましい作家の手になるものであり、音楽を聴くことにかけては少なからず自負する、探究心旺盛な旅行家の手によるものと言えよう。……（中略）……私が何よりもここで語りたいのは、モーツァルトの園を散策し乍ら、私がこの目で見、この耳で聴いたことなのである。……（中略）……私の意図をお分かり頂けるだろうか。お望みなら、私についていておいでなさい。私はこれから私自身の喜びと慰めを求めて、魅惑の世界へ散歩に出掛けよう。モーツァルトがそこに現われて、彼の歌や、故郷や、運命を私に説明してくれる。……（中略）……私がここで告白するのは、ひとつの恋ごころに他ならない。あなた（モーツァルトのこと）*に捧げるこの本は、申し訳ないことに、たったひとつのもの、つまり、愛しか持っていないのである。（＊筆者註）

と、ゲオンはこの本を書いた動機を明解至極に説明してくれています。

それではこれから、いよいよゲオンに誘われて「モーツァルトとの散歩」に出掛けましょう。最初に、いかなる作曲家にもまして早熟で、わずか三五年と一〇カ月、この世にあった間に、目眩《めくる》めくように多彩で多様な音楽的遺産を残して逝った、天才モーツァルトの謎を解く鍵が、幼いモーツァルトのなにげない言葉の中に隠されているというゲオンの一節をご紹介しましょう。

二　モーツァルトを理解する「キー・ワード」

六歳のころからヨーロッパ中を引きまわされ、まるで芸を仕込まれた犬のように王侯たちの前で見せ物にされ、お世辞や、贈り物や、愛撫を山ほど受けた少年モーツァルトが、彼に好意ありげな人たちに向かって、しばしば次のような素朴な質問をしたということである。

《ぼく好き?　ほんとに好き?》

これこそ彼の最も切実な要求であった。生まれながらに愛情にあふれていた彼にしてみれば、愛することは問題ではなくて、あらゆる時代を通じて、いかなる芸術家もかほど早熟に、かほど純粋に授かったことのない、あのはかり知れぬ、天使のような才能にふさわしく、愛されることが必要だったのである。

すべての愛は、ほかならぬ愛の神のたまものである。キリスト磔刑《たっけい》の地カルヴァリオの丘の最大の悲しみ、その丘でわれわれに代わって受難したひとに対するわれわれの最も深い罪、それは愛することをわれわれが拒んだということではないだろうか？　比喩を許していただくなら、ザルツブルクの神童は、神の輝く光のまたたきを身のうちに感じていたからこそ、神と同じ求めを正当に表わしていたのであった。

無意識に。無邪気に。ずっとのちになって、彼が自分の才能を、もっと正確に言えば、自分のたからをはっきりと自覚するようになっても、彼はいささかの恥らいも、いささかの慢心もなく、同じようにそう問い続けたのである。彼が天賦の才に恵まれたとて、それは彼の罪ではないのだ！彼が愛すべき人間であるからとて、それは彼の罪ではないのだ！

《ぼく好き？　ほんとに好き？》

彼は習慣でわれわれに尋ねているのではない。気まぐれでも、たわむれでもなく、また、気どりでも、てらいでもない。心からなのである。

このあどけない願いの意味を、友人のいくたりが見抜いていたろうか？　彼のおかげでたのしかった人たちは、彼の存命中、その問いになんと答えたのであろうか？

彼が大きくなり、ことに才能の点で成長をとげるや、たちまちにして彼は、もはや興味のないおもちゃのように捨て去られた。一歩進むごとに、彼はふり出しにもどらなくてはならなかった。才能を示すごとに、新しいあかしを求められた。つかのまの成功。気まぐれに示される愛情と友情。理解されないのではなくて、おそらくはなお悪いことに、実力以下の評価。父親からも、妻からも。借金に踏みつけられ、徹夜に疲れはて……そしてついに、仕事に倒れ、共同墓地に投げ込まれて、忘れ去られた。

「ぼく好き？　ほんとに好き？」というわずか六歳のモーツァルトのこの言葉を、およそ四〇年前に初めて知ったとき、バットででもぶん殴られたような、強烈なショックを受けたことを、まるで昨日のことのように記憶しています。皆さん、そうは思われませんか？　わずか六歳の子どもがこんなませた、意味慎重な質問をしますか？　なぜ、幼いモーツァルトがこんな質問を執拗《しつよう》に繰り返したかについては、推量するに、幼いながらも、褒《ほ》め言葉の裏に潜むなにか不純なもの、真実でないものに気づいたからか、あるいは当時、社会的にはまだ身分の低かった音楽家に対する侮蔑《ぶべつ》の眼差しを見出したからかのいずれかだったのでしょう。虚飾《きょしょく》や欺瞞《ぎまん》といったようなものに対する、この素朴ながら年齢を斟酌《しんしゃく》するなら異常といっていいほど鋭い懐疑の目は、後年の彼の真情と非真情を見わける卓越した直観力をすでに偲ばせはしませんでしょうか？　と同時に、並みはずれた天賦の才とは裏腹に、不遇ななかに終生、愛に飢え、愛を求めてやまなかった、彼の生涯を象徴するような言葉でもあると思うのです。あらゆる音楽作品の中で、誰のものよりも繊細にして多様な、彼の音楽的世界の謎を解く最初の鍵が、ゲオン同様私も、彼自身のこのありふれた言葉の中にあるように思えてならないのですが、そう思うのはファンなるがゆえの同情的見方に過ぎましょうか？

それでは続いて、モーツァルトの前半生で一時代を築いた観のある、ザルツブルク時代の最後の二年間の様子をゲオンに導かれて散策することにしましょう。

三　ザルツブルク時代のモーツァルト

　ほぼ二年近く、ザルツブルクでの彼の生活については、われわれはほとんど知らされていない。あのおそるべき大司教との折合いは良くなったのか、それとも悪くなったのか？……アロイジアの不実で彼は恋から目覚めたのか？　他の美しいひとを追い求めなかったのか？　その生活について、歴史は何も物語らない。ただこの芸術家については、作品が充分に物語っている。彼を慰めているのは、明らかに音楽である。七九年一月から八十年十一月にかけて相ついで生み出された驚嘆すべき作品のすべてが、彼の自由意志によるものかそれとも心ならずもであるのか、私はつまびらかでないが、それらの作品のたのしさから言って、それらを彼の作品中の最も美しい高みに置くことに私は躊躇しない。マンハイム学派に、彼は和《やわ》らかな器楽法を学び、パリではその悲壮な調子を単純化し、表現法を明瞭にした。彼の運命や、性格や、彼個人から離れて、彼が想い描き、やがて実現する未来のドラマのために、彼はこれまで手に入れ、経験した——旋律法であれ、対位法であれ、和声法であれ、また、声楽的、器楽的を問わず、技術、表現に関する——あらゆる手法をいわば整頓したと言えよう。彼はまだすべてに精通していなかった。彼は人生の最後の日まで学びつづけるのである。だが、すでに立派な大家であると自負するほどには精通していた。そうだ、彼は二十四歳ですでに最高の位置に並んでいた。私の好みからすれば、「ピアノとヴァイオリンのためのソナタ 変ロ長調」（K三七八）以上に自然で、やさしく物思いにふけり、巧みで、明瞭なものをついぞモーツァルトは書かなかったように思う。……（中略）……そしてヴァイオリンとヴィオラのための「協奏交響曲 変ホ長調」（K三六四）以上に広大で、魅惑的なものは決して見あたらないのである。

たしかにゲオンが言うとおり、ザルツブルク時代のこの時期はあまり資料がなく、これ以上追加することもありませんので、コメントに換えてレコードをおかけしましょう。ここに紹介されていた二曲を、K三七八はバリリ盤で、K三六四はベーム盤で、それぞれ第一楽章だけ聴きましょう。

＊＊＊＊＊

いかがでしたか？　ともにゲオンの評のとおり、パトス（情熱）とトリステス（哀感）が、激越にはならずに美しく交錯する魅惑的な曲だったでしょう？

ところで、ついでゆえ、ここで触れますが、この時代のモーツァルトの特徴は、「中庸の美」だと思います。それは、モーツァルト自身のつぎの言葉からも容易に察することができるように、全生涯を通じても言えることではありますが、とりわけこの時代が顕著に感じます。それだけに、ゲオンも後に言うように、モーツァルトは「ほのめかし」と「ひかえめ」で理解されなければ、うそなのです。そして、そのことは再現者、つまり演奏者に対してもいえることですし、鑑賞者、つまり聴衆に対してもいえることです。

それでは続いて、ゲオンの『散歩』の中から関連するところを読み進みましょう。

モーツァルトがオーケストラのみを用いている場合、われわれはその作品になにを期待したら良いか、考えておくべき問題がある。ベートーヴェンを予告し、彼の代わりをつとめるべきか？……それとも単にモーツァルトそのものであるべきか？　……という問題である。（中略）先ほどから引き合いに出されているシンフォニー（二五番・三三番）では、あの素晴らしいアンダンティーノも、アンダンテ・モデラートも、誇大に演奏しないよう、殊に注意する必要がある。さもなければ、堪えがたく、野卑にさえなるだろう。ひかえ目に、ひかえ目に、……これは、モーツァルトの情念を表わしたあらゆる音楽にとって守るべき言葉である。その演奏は余り弱くても、余り強くてもいけないし、部分的にヴェールをかけなくてはならない。（中略）

モーツァルトが澄んで、完成されていればいるほど、ますます誇張には堪えがたくなる。モーツァルトをほのめかしで理解できなければ、うそである。

それでは、またここで、文中に引用されていた二曲（交響曲二五番と三三番）のレコードをK・ベームがベルリン・フィルを指揮した盤で、それぞれ第一・二楽章のさわり部分のみ、聴きましょう。

いかがでしたか？　まだ楽聖の域にこそ達していないものの、ゲオンの言うように、もう立派な大作曲家でしょう？　曲に盛られた人間感情の豊かさ、多様さ、レベルの高さにおいて。

＊　＊　＊　＊　＊

四　ウィーン時代のモーツァルト

うまが合わないといいますか、そりが合わないといいますか、俗に言ういけすかない大司教コロレドがそこにいるがゆえに、いっときも早く抜け出したかったザルツブルクをやっとの思いで後にし、一七八一年八月末、ウィーン市グラーベン通りに居を定めます。以降、約一〇年後に亡くなるまで、市内での居所は転々と換えながらも、ウィーン市そのものから転出することはついにありませんでした。つまり、そこに己の音楽的生命を賭けたのでしょう。そして、そこでの前半の約五年は幸いにも「順境・躍進の時期」――おそらく全生涯を通じての絶頂期であったろうと思われる――であり、後半の約五年は不幸にして、またしても訪れた「逆境・逼塞の時期」でした。そして二度と再び、そこから脱することはできませんでした。

それでは、まず前半の約五年の様子について、ゲオンが述べている部分を読んで見ましょう。

(一) ウィーン時代前半

彼は父親に知らせている。(八四年二月?)

いいですか、ぼくが演奏することになっている「アカデミー」を全部ここに挙げてみます。

二月二十六日　木曜　ガリッチン邸
三月　一日　月曜　ヨーゼフ・エステルハージ邸
三月　四日　木曜　ガリッチン邸
三月　五日　金曜　エステルハージ邸
三月　八日　月曜　同
三月　十一日　木曜　ガリッチン邸
三月　十七日　水曜　第一回個人演奏会

こうしてエステルハージとガリッチンの名がどこまでも交互に現われて、四月三日まで列挙は続く。これら音楽気違いの大貴族たちは音楽家を休ませなかったようである。彼はピアノ教授リヒターや、ウィーンに来訪した多くの名演奏家たちとの競演に応じた。時あたかも四旬節で、人びとは劇場よりも演奏会へとつめかけた。ヴォルフガングは、彼個人のアカデミーを自分で組織しなくてはならなかった。彼は切符を売りさばき、予約名簿にサインさせた。彼は二月現在すでに一七四名の予約会員を得ていた。三回の演奏会で六フローリンの会員券である。ウィーン中の主だった貴族はひとり残らず加わった。それにはどんなにか奔走したろうし――時間をずいぶん無駄にしたことだろう！　三月十七日の第一回個人演奏会は、広間が《息づまるほど満員》で、大成功だった。二度も三度も続けてアンコールされた。しまいには、聴衆の前で《疲れた》と彼は述べている。人びとは作曲家として、指揮者として、ピアニストとしての彼を同時に称讃したが、おそらくピアニストが最も拍手喝采されたに違いない。二十年以上も使い馴れたピアノ・フォルテは、彼の指の下からあらゆるものを表わし、あらゆるものを伝え、あらゆるものを暗示し、あらゆる心を起こさせることができたろう。ヴォルフガングが鍵盤に向かって演奏したり即興に弾いたりしているとき、彼は天才という明らかな贈り物を聴衆たちにじかに贈りとどけているようだった。――そして聴衆もそれを感じて、いっぺんに彼は理解されるのであった。

　彼はなにを演奏したのか？　古い曲も、新しい曲もである。彼自身のレパートリーがすでにいかに広いものであったにせよ、彼はそれを若返らせ、常に増やしていった。聴衆は未発表の作品を求めた。ことに協奏曲ではその傾向が強かったので、彼は二年の間に十曲を越える作品を書き、それらはしばしばシンフォニーに優るとも劣らない重要な位置を占めた。天才が自分の語法を自由に使いこなすときが、創作にとっての理想的条件である。そうだ、毎日が彼には好機だった！

毎日注文があった！　しかも毎日貴族たちの浪費に、苦もなく、豊富に応えることのできる喜びはいかばかりであったろうか！

ウィーンの貴族や、音楽通や、社交界の人びとを前にした芸術貴族、これが二十九歳から三十歳へかけてのモーツァルトである。彼はあらゆるものを兼ね備え、ひとつの音符もおろそかにせずにすべてをあたえた。もしかりに彼の生涯のどの時代が最盛期かと問われれば――余計な質問ではあるが――私は答えたい、一連の協奏曲のころです、と。

（二）ウィーン時代後半

一般に、人気は得るのに比べ、失うのは早いものですが、モーツァルトのウィーンでの人気も潮が引くように、瞬く間に失せてしまいます。彼の晩年の経済的困窮ぶりはわれわれ後世の人間の想像を絶するものでしたが、そんな情況下で「中庸の美」を生涯のモットーとした彼も、さすがにそれに徹しきれず、おそらく生涯唯一の例外とも言うべき、赤裸々な苦悶に満ちた傑作、いわば「死の五重奏曲」（K五一六）を書きます。

それでは続いて、それが書かれた時期を含む、ウィーン在住後半の約五年の状況について、ゲオンが述べたものをお読みし、同曲の決定盤とも言うべきアマデウス四重奏団の旧盤をご一緒に聴きましょう。

ところで、彼が仕事にとりかかろうとしたとき、ザルツブルクから一通のきわめて憂慮すべき手紙を受けとった。以下、それに対する彼の返事である。

ウィーン、一七八七年四月四日

最愛のお父さま

……たった今、お知らせをいただきましたが、とても心配です……先日のお便りで、幸いにもお元気になられたとおもっていただけに……。全く、あなたが重態だなんて伺おうとは！　あなたがご自分で書かれたうれしいお便りを、ぼくがどんなに心から待ちわびているか、もとより申し上げるまでもありません。ぼくはなにかにつけ常に最悪を想像する習慣がついてしまったとはいえ、それでも、ぜひ良い知らせを下さるよう祈っています。（思うに、彼はここでひとつの《逃げ道》をこしらえているのである。時としてわれわれには途方もなく見えるが、おそらく平静な証拠であろう。）

彼はさらに続けている。

（仔細に見れば）死は人生の真の最終目標ですが、数年このかた、ぼくはこの真実の最上の友にすっかり馴れてしまったので、もはや死の面影はいささかもおそろしくないばかりか、大いに心を静め、慰めてくれます！　そうして、われわれの真の至福への鍵として死を考える機会（その意味はおわかりですね）をあたえてくださったことを神に感謝しています……。ぼくは（まだこんなに若いのに）おそらく明日はこの世にはいまいと考えずに床《とこ》についたことはありません。しかしながら、ぼくを知っている者は、ひとりとして、ぼくがつき合いの上で、陰気だとか悲しげだとか言える者はないはずです。ぼくはこの幸福を毎日神に感謝し、だれしもがこのしあわせに恵まれるよう心から祈っています。

彼は結びにつけ加えている。

しかし万一期待に反して病状がよくないようでしたら、どうぞ……（＊）……で、お隠しにならず、ありのままを書くか書かせるかしてください。一刻も早くあなたの腕に抱かれに参りますから……。（＊ 書き落し）

驚くべき、貴重な手紙である。これはわれわれが予感していた秘密をあますところなく伝えている。これを無視しては、モーツァルトを、ことにモーツァルトの芸術を根底から把握することはできないであろう。これは彼の存在の中心にあって、彼の内部を明らかにしているのである。いかなる芸術家といえどもこれほど生き生きと、情熱的に生きたものはないし、またこれほど芸術のなかに惜しみなく生命を注いだものもなかった。だが、ロシアの音楽家アルトゥール・ルーリエが私に語ったように、《彼のかたわらには、常に、死が存在した》のだ。死は彼の人生観と切り離しては考えられなかった。と言っても、死が到達点である以上、生を否定するものではなかった。死が生を完成し、安らぎをあたえるのであった。モーツァルトの厖大な作品のなかで、最も淡々とし、最も訴えの少ないものでも、なんらかの価値ある作品で死の翼にふれていないものを見出すことはむずかしいだろう……。ああ！　時には、ほんの半秒もあれば、充分それに気づくはずである。それはひとつの抑揚であったり、転調であったり、短調や半音階に軽く触れた場合であったりする。人も言い――また私自身もこれまで用いてきたが、それは、憂愁《メランコリー》とか……夢想とか……ではなくて、実は死の影なのだ。光を引き立たせ、しばしば光の射し込みを許すもの、だがそれはまさに生のかなたの影なのだ。そこには彼の深遠な境地こそあれ、いささかも恐怖感は混じらない。ヴォルフガングが語ったその親友は、晴れやかに、微笑み、しかも、厳かである。彼がありのままに告白したように、それは彼が人びとに対して陽気に接し、快活にふるまうことを妨げるものではなかった……。むしろその逆ではなかったろうか？　彼は未来の幸福を約束されていたのである。したがって、彼の不安についてあまりに固執したり、彼の十字架や、彼の受難について語ることはさし控えるべきである。安らぎの前に、それらはどれほどの意味を持つだろうか？

　ところで、われわれはこの忘れがたい手紙そっくりの音楽作品に、たまたまめぐり逢うことになる。彼は半ば希望をつないで、ザルツブルクへは駆けつけなかった。あるいは父親が彼に重い病状を隠したのか、さもなければ父親自身が自分の病状を知らされていなかったのだろう。だがヴォルフガングは、この不安な状態に脅かされながらも、自己の芸術に心血を注ぎ、死の影が鮮やかに躍動しはじめた甘くも辛辣なあの思想をつぎ込むことに努めた。二週間ののち、四月十九日、彼は晩年の偉大な《弦楽五重奏曲》の最初の曲『ハ長調』（K五一五）に署名《サイン》した。技量と、意図と、荘重さと、活気の結集した非凡な曲である。冒頭の力感にあふれたアレグロ、そして、優雅な軽快さのなかにすでに深い意味をもつあのメヌエット。故意の沈黙、しかしそれも長くは続かない。

輝かしいフィナーレで、暗影はすべて消え失せる。
およそひと月おくれて、五月十六日、彼は神秘の奥に触れる第二作『ト短調』（K五一六）を完成した。二十八日、レオポルトは息を引きとった。彼が血を分け、情熱を注ぎ、手塩にかけ、誇りにも思い、祈りの対象であった息子に、再び逢うこともかなわなかった。そしてそれは父親にとって失望の仕納めであった。

それではここで、先にご紹介しましたレコードをご一緒に聴きましょう。

＊　＊　＊　＊　＊

いかがでしたか？　およそモーツァルトらしからぬ「哀愁」に浸された曲とお感じになられませんでしたか？（皆さん、肯く）。演奏がまた飛びっきりの名演だから、皆さん、感動されるのですよ。並みの演奏（盤）だったらこうはいかないのですよ。この盤に対する私のコメントがちょうど私の前作に載っていますので、その中から該当部分を抜きだしてお読みしましょう。

弦楽五重奏曲ト短調（K五一六）は、前二楽章も哀感・孤独感に浸されていますが、弱音器をつけた各楽器で奏される第三楽章はそれが一段と深まります。重い足を引きずるような、喘《あえ》ぐような、そして溜め息をつくような調べが連綿と展開されます。それは、心は千々に乱れ、打ち拉《ひし》がれながらも、懸命に自らを勇気づけ、鼓舞しているようでもあります。しかし、やがて、それも力弱く消えて行きます。

そして、最後は彼の常たる、いかなる絶望の淵にあろうとも、その彼方に彼岸・天国を見るような、夢見るような調べに転調して終わります。まさに泣き笑いです。涙を睫に溜めて健気に微笑もうとしている風情です。形而上的苦悶の彼方に彼岸・天国を見る……これぞイデアリスト・モーツァルトの本心・本質だと思います。私はここをモーツァルトの最も本質的な曲の、最も本質的な楽章と思っています。

アマデウス四重奏団の旧録の演奏は、彼らの後年の恰幅の大きい演奏とは異なり、モーツァルトの作曲当時の心境もかくやと思わせるほど、見事な演奏だと思います。名盤の誉れ高いブダペストSQ盤も、スメタナSQ盤も、私には（贅沢な注文ながら）前者は暗すぎ且つ深すぎるように思われ、後者は格調が高すぎまた哲学的過ぎるように思われます。それらに比し、アマデウス四重奏団の旧盤の演奏は、私にとっては、「知・情・意」最もバランスのとれたベスト盤に思えます。

それでは、本日はこれにてお開きとしましょう。お疲れさまでした。

（完）

●九月度・本例会●

モーツァルトへの誘い（四）

――演奏比較鑑賞――

【例会案内】

‘03年9月度 本例会

“モーツァルトへの誘い（4）”

～演奏比較特集～

ゆふいん熟塾

今年度の各シリーズ四回目は、今年からの新しい試みである“演奏比較”です。出しものは、数ある彼の傑作中から最も彼らしい曲である交響曲第40番にしました。選定の理由は、ザルツブルク時代のもののように明るい方へ傾斜し過ぎるでもなく、また最晩年のもののように暗い方へ傾斜し過ぎるでもなく、彼の作品の特徴である“情熱”と“哀感”とが絶妙のバランスで交錯する佳曲だからです。

対象盤は、バッハのとき同様、モーツァルトを振らせてはB.ワルターとともにその右に出る者なしと謳われたK.ベームの盤で統一しました。ただし、オーケストラは下記のとおりすべて異なります。お楽しみに！

記

1．日時・場所

‘03/9/20（土）14:00～17:00 於カリタス・アカデミー

2．例会内容

第一部：演奏比較鑑賞

～交響曲第40番～

指揮者：カール・ベーム

（1）アムステルダム・コンセルトヘボウ盤〈Fon〉

（2）ベルリン・フィル盤〈G〉

（3）ウィーン・フィル盤〈G〉

第二部：懇談（with coffee and cakes）

【例会記録】

K. ベームの「交響曲第 40 番」3LP

皆さん、こんにちは！　今日は「モーツァルトへの誘い」の四回目で「聴き比べ」特集です。前回のバッハのときにも申し上げましたように、聴き比べは真に作曲家を、作品を理解するための一方途ですから、ビギナーの皆さんにとっては大変かと思いますが頑張ってついてきてください。

さて、今日の出しものですが、ご案内でお知らせしてありますとおり、モーツァルトのきわめて本質的な曲の一つで、人気曲でもある交響曲第四〇番です。そして、曲についで関心が高かろう指揮者ですが、モーツァルトを振らせてはB・ワルターとともに双璧と謳《うた》われたK・ベームのものばかりに絞りました。ベームのモーツァルトはワルターのモーツァルトに比べると、ひと言でいえば、テンポが速く、厳しく、したがって男っぽいのが特徴でしょうか。モーツァルトといえば、一般に明朗、優美さが特徴と思われている嫌いがありますので、こういうモーツァルトもあるのよという意味合いも含めて、あえてベームのものを選んでみました。そのへんの事情も余裕がありましたら頭の片隅にでも置いていただいて、聴いてください。なお、ワルターをあえて選ばなかったことにつきましては、この老巨匠の良さを理解するにはもう少し研鑽を必要とするかなとの思いも、正直申し上げて、ありました。悪しからず。

それでは、これから対象盤三枚を順次おかけしますが、最初の盤がアムステルダム・コンセルトヘボウ（現ロイヤル・コンセルトヘボウ、アムステルダム）を振ったもので一九五五年の録音です。二番目がベルリン・フィルを振ったもので一九六二年の録音です。三番目がウィーン・フィルを振ったもので一九八〇年の録音です。それでは、これから聴き比べに入りますが、前回同様、聴き終わった後、二、三人の方々に感想をお聞きしますので、しっかり聴いてくださいね。

なお、曲並びに指揮者の解説につきましては、前回同様、私が持っていますレコードのジャケットの中からビギナーの皆さんにも分かりやすいものをえりすぐり、かつまた適当に抜粋あるいは編集して、これからお読みします。読者の皆様には次頁と次々頁の資料をご参照ください。

モーツァルト「交響曲第 40 番 ト短調 K 550」解説

モーツァルト最後の三つの交響曲はいずれも円熟した晩年の傑作として知られている。いずれも 1788 年の夏、極めて短期間に作曲された。元来この三曲はある予約演奏会のために作られたとも言われるが、この演奏会は開かれなかった。

さて、第 40 番だが、ト短調特有の悲劇的ペシミズムに浸されてはいるが、時に暗闇の中にほのかな光が射し込むように希望も明滅する。あらゆる人生の不条理を体験した晩年のモーツァルトが、その天衣無縫のギャラントリーな音楽美にますます磨きを掛けながらも、生の底知れぬ不条理の深淵を垣間《かいま》見せ（一次的不条理の認識）、その相克に勝利する見込みはないことを自覚しつつも苦闘を続け（二次的不条理の認識）、やがては諦念の世界へと傾斜していく。暗過ぎず、激し過ぎず、すべては中庸の精神で美しく展開される。その美的世界の美しさ、多様さ、深さを何にたとえるべきか、何と比べるべきか。筆者は答えを知らない。

第一楽章：アレグロ・モルト　冒頭、第一主題がヴァイオリンに現われる。かくも痛切な悲哀を、かくも美しく表現することはモーツァルト以外の誰がなし得ようか。しかも、それがここ数曲の常套手段であった序奏なしにいきなり出される効果は絶大である。「人生になんらの喜びも見失った」と言ったモーツァルトが、その痛苦の中になお力を振り絞って奮闘し、そしてついに静かな諦念に至る。こんな複雑な人間感情を、こんなに純粋な美しさで表現した音楽は他にない。
第二楽章：アンダンテ　何という悲しい慰藉《いしゃ》であろう。モーツァルトは時に地上の苦しみを解脱して、天上の楽園にいるかのようである。しかし、第一ヴァイオリンは第二主題の咽《むせ》び泣くような旋律に戻り、苦闘は展開部へと続く。
第三楽章：メヌエット　この楽章を評して、「かの古い優雅な舞踏形式の基礎の上に作られた最も闘争的な音楽の一つ」とは、さる批評家の言だが、まさに至言である。
第四楽章：アレグロ・アッサイ　優雅と激情……この対立は第一主題の中に象徴されている。やわらかな第二主題を、「追いまくられる雲の切れ目にもれる悲しくも淡い月光」と形容した人もいる。

（ポリドール盤ジャケットによる）

カール・ベームとモーツァルト

ベームのモーツァルトを聴いていると、彼がグラーツに生まれたオーストリアの指揮者だということを忘れてしまう。ベームのモーツァルトは、むしろ古いウィーン風の甘美で柔軟な生活的雰囲気から掛け離れた、もっと意志の強い、毅然たる表現である。しかし、けっして冷たくもまた激しくもない。甘美には流れなくとも、モーツァルトの優雅な美しさと、堂々たる構成とを余すところなく引き出した演奏である。

ベームがフルトヴェングラーの衣鉢《いはつ》を継ぐ第一の指揮者とされるのも不思議ではない。ベームはフルトヴェングラーとは違って、人々を驚かせるような表現は取らないし、またそのレパートリーもそう広くはない。しかし常にドイツ音楽の正道を踏んで、モーツァルト、ベートーヴェン、シューベルト、ブラームスなどを現在の指揮者の誰もがよくなし得ないほどに精緻に演奏して聞かせる。なかでもベームのモーツァルトは、そのベートーヴェン風とも称してよいほどの力のこもった男性的な表現によって強い印象を与える。

しかし、モーツァルトの音楽は子どもでも入れるが、その真の意味が分かるには多くの経験が必要である。モーツァルトの音楽が、同じようなことの繰り返しからなっていることをワーグナー党の連中はなかば軽蔑の意味を込めていぶかった。ベームでさえ、そのモーツァルトの繰り返しの精神性を理解したのは、かなり後になってからのことだと言っている。

しかし、いったんそれが分かると、ベームはモーツァルトから離れては生きられなくなった。年をとってからモーツァルトの真実に触れただけに、いっそう心をひかれたのに違いない。ベームは言う、「私は、モーツァルトを様式的に正しく解釈するにはどうしたらよいかを長い間考えてきた。その結果、すべての人間の情熱を決定的に音楽に盛り込むことのできるモーツァルトは、感傷的ではないと確信するようになった。したがって、私はモーツァルトを一度として感傷的に指揮しようとしたことはない。私はいつも、最も親密な感情を込めて直感的に指揮する」と。　　　（日本フォノグラム盤ジャケットによる）

それでは、これから「聴き比べ」に入ります。録音の古いものから新しいものへかけて、一気に聴いて参りましょう。

……………《レコード比較鑑賞》……………

いかがでしたか？　みんな惚《ほ》れ惚《ぼ》れするような素晴らしい演奏だったでしょう？　このレベルの演奏になりますと、優劣は簡単にはつけがたいと思いますが、つけがたいところをあえてつければ、こう感じたということでけっこうですから、前回に引き続き、それぞれの盤の特徴的なところ、良いと思ったところ、分からなければ、好き嫌いでもけっこうですから、ご感想かご意見をお聞かせください。

私・それでは、まず、Eさん（女性）、最初の盤について、お聞かせください。

Eさん・はい。テンポの良い、爽やかな、良い演奏だったと思います。好き嫌いで言えば、一番好きなのが三番目。次がこれ。嫌いなのが二番目といったところでしょうか。偉そうなこと言って、ごめんなさい。

私・いえいえけっこうですよ。ありがとうございました。それでは、つぎにFさん（女性）、二番目の盤についてお聞かせください。

Fさん・はい。三つの中では、おっしゃったように最も悲劇的で、暗く、男性的な演奏と感じました。しかし、好き嫌いで言えば、わたくしはこれはあまり好きではありません。わたくしも録音のせいもあるのか、最も新しい最後の盤が一番好きです。

私・はい。ありがとうございました。女性の方々はやはり優しい演奏がお好きなようですね。それでは最後に、男性のGさん、最後の盤についてお聞かせください。

Gさん・はい、確かにそれぞれ個性があって、違って聞こえるのですが、その特徴をと言われても、うまく言えません。まして、良いところなど分かりません。

私・けっこうですよ。聴き比べ始めてまだあまり間がないのですから、無理はありません。皆さん方も順番になったとき、あまり無理されませんように。場数を踏まれれば、そのうちに分かるようになると思いますので……。それでは、もうひとかた、男性のHさん、最後の盤の印象についてお聞かせください。

Hさん・はい、わたしもあまり確信を持っては言えませんが、確かに録音が新しいせいか、最もなまなましく優美で、その点では素晴らしいとは思うのですが、反面、主義・主張、悲劇性などは弱まっているのではないでしょうか。好き嫌いで言えば、わたしは最も男っぽく厳しい二番目が一番好きで、ついでは最初の盤でしょうか。

私・はい。ありがとうございました。今回は二回目の「聴き比べ」ですので、前回のバッハの時に比べれば、皆さん、だいぶ「聴き比べ」の要領が分かってこられたようで、なかなかいい線行っておられたと思いますよ。ただ、私の質問も悪かった……つまり、舌足らずだったせいもあるのでしょうが、前回同様、作曲者の作曲当時の思考や心境などといったようなものをどの盤が最も忠実に再現しているのだろうかという聴取姿勢（スタンス）が依然見られなかった点が残念でしたが……。

それでは、最後に、私の方からその点も踏まえて総括させていただきます。とは言いましても、それは姿勢としてそういう姿勢が要りますよというだけのことであって、今日おかけしましたベームさんの三枚などはさすがにモーツァルトのスペシャリストの残された名盤だけあって、これはちょっと落ちるな、と言えるようなものは一枚もなく、優劣さえもつけがたく、どれを評価するかも考え方ひとつと言えるかもしれません。つまり、この曲のテーマを、

1　苦悶の中にも天国・彼岸を強く希求する「上向き」の情熱ととらえれば、最初の盤がベストかと思われ、

2　哀愁の色濃い、暗く、悲劇的な「下向き」の情熱ととらえれば、二番目がベストかと思われ、

3　その中間的な「美しき諦念」ととらえれば、最後の盤がベストかということになりましょうか。

しかし、折角の機会ですから、あまりへりくだらず、それぞれの盤に対する、私なりの感想をつぎに纏めて、皆さんの参考に供しましょう。

「アムステルダム盤」

第一楽章・第一主題が弦によって、さりげなく奏でられ始めます。速くも遅くもない快適なテンポでギャラントリー（華麗優美）にすべてが自然体で流れます。まさに疾走する「哀感」そのものに感じられます。ほどなく溜息をつくような「下降楽句」の第二主題が哀しみをいっそう際立たせます。弦と管の対話が……ことのほか、管の合いの手が絶妙です。奏法を強めた展開部以降、哀感をいっそう盛り立てて第一楽章を終えます。

第二楽章・長調ながら何という哀調を帯びた慰藉《いしゃ》でしょうか。ここでも続く、弦と管との掛け合いが美しく、ときに現世を離れ天国に遊んでいるようです。やがて、咽《むせ》び泣くような弦による第二主題が哀感を掻き立てます。展開部を経て、再現部の繰り返しが心に染《し》みます。

第三楽章・拠《よ》るのは古来の優雅な舞踏形式ですが、このメヌエットはそんな生易しいものではありません。表わしているものは形而上的苦悶のように思われます。第二部では、一転して弦と管による牧歌調が美しい。続く、この盤の第三部は天国・彼岸への曙光を見出したかのように明るく、力強く鳴り響きます。

第四楽章・噛《か》み付くような第一主題、柔らかな慰撫《いぶ》するような卜長調の第二主題、その対比が素敵です。続く展開部の始まりのデモーニッシュさ（悪魔性）もみごとです。緊張感はぐんぐん高まっていきます。再現部は転調につぐ転調で、「哀感」と「激情」は激しく交錯《こうさく》します。これぞベーム最良のモーツァルト、いやモーツァルトそのものと思わせます。例のゲオンさんが聴いたら「快哉《かいさい》」を叫ぶことでしょう。私も、評価の順番はともかく、好き嫌いで言えば、この盤が一番です。

「ベルリン盤」

第一楽章・これ以下はないような弱奏で、しかもやや抑えたテンポで第一主題が提示されます。しかし、しだいにテンポを速め、厳しさ、激しさを増して行きます。けれども、いずれにおいても、過ぎるまでには行かないところが素晴らしいと思います。本盤の本楽章は総じて、厳しさ、激しさが際立ちますが、ベルリン・フィルの持ち味を斟酌《しんしゃく》されてのことでしょう。

第二楽章・長調ではあるけれども、スロー・テンポで、暗く、厳しくうたわれます。それだけに、寂寥《せきりょう》感《かん》はひとしおに感じられます。

第三楽章・暗く、厳しいメヌエットです。したがって、第二部（中間部）の牧歌調もあまり目立ちません。第三部も次楽章の暗闘や苦闘を暗示するかのように暗く響きます。

第四楽章・第一主題は抑え気味に始められますが、しだいに激しさを増して行きます。第二主題は暗く、厳しい本盤中、唯一明るさ、安らぎを与える個所となっています。展開部の始まりは三盤中、最もデモーニッシュ（悪魔的）でグロテスクにさえ感じられます。再現部は壮絶な暗闘と苦闘が痛々しく、哀しみ、暗い情熱はこの演奏が一番と思います。それだけに、ベートーヴェン的で、ゲオンさんはお嫌いでしょうね。しかし、私は好きではありませんが、最も評価します。これもやはりモーツァルトだと思います。最硬派のモーツァルトですが……。こういう行き方をした盤に、トスカニーニ盤がありますが、これは激しすぎて私にはちょっとモーツァルトとは言いがたいように感じられます。録音があまりに悪いことも手伝っているかも知れませんが。ベームさんのベルリン盤はそこ（過ぎる）まで行っていないのはさすがと思わせます。

「ウィーン盤」

第一楽章・指定テンポはアレグロ・モルトながら、スロー・テンポの自然な、枯れた風情で、第一主題が提示されます。悲哀感をあおるでもなく、また劇性をあおるでもなく、老ベーム（この盤録音時、八二才）のこの曲に対する感懐を凝縮しているかのような、優しく哀調を帯びた始まりです。続いて、第二主題も優しく控えめに提示されます。したがって、例の下降楽句もさほど哀しみを強調しません。展開部以降も、非情な不条理の世界が哀しくも優しくうたわれます。

第二楽章・本楽章も引き続き、スロー・テンポで運ばれます。冒頭、長調による優しい第一主題の慰藉《いしゃ》の歌が奏でられます。本盤の演奏からは、前二盤からは感じ取れなかった、雲間から薄日がこぼれるような風情が感じ取れます。引き続き、ゆったりとしたテンポでうたわれる、咽《むせ》び泣くような弦による第二主題がことのほか美しい。絶品と思います。しかし、展開部から雰囲気はがらっと変わります。月並みな表現ですが、嵐の前の静けさとでも言いますか、暗雲が空一面を覆う感が漂います。

第三楽章・舞踏音楽のメヌエットながら、ベームは艶やかなウィーン・フィルとの録音でさえ、暗く固いリズムで刻んで行きます（第一・三部）。ベームの信念を見る、いや聴く思いがします。それだけに、第二部（中間部）のトリオはことのほか美しく感ぜられます。

第四楽章・指定テンポはアレグロ・アッサイながら、第一楽章同様、遅いテンポで運ばれるため、前二盤ほどデモーニッシュ性は強調されません。展開部も同様に感じました。再現部も前二盤とは様相を異とします。老ベームがモーツァルトの思いに己の思いを重ね合わせて、「美しき諦念」とでも形容すべき心境を奏でている風情があります。彼の交響曲における「辞世の歌」、ベームの「辞世の歌」の感があります。こういうとらえ方には、他に老ワルターのコロンビア盤がありますが、本盤とともにモーツァルトのスペシャリストであったベームの行き着いた最終の心境として傾聴に値する、これはこれで素晴らしい演奏と思います。私もこれから加齢とともに年々好きになっていく演奏ではないかという気がします。

最後に、バッハの講義の時にも申し上げましたが、大事なことですからもう一度繰り返します。当塾ではなにゆえ、本例会にしろ、サブ例会にしろ、作曲家の生涯と作品を関連付けて紹介するのか？　生涯なんかどうでもよいではないか？　作品だけ紹介してくれればよいのに、とお考えの向きもまだおられるのではないかと想像しますので、ここであえて再度、その理由を述べさせていただきます。

クラシック音楽の聴き方にはこれしかないとまで言うつもりはありません。作曲家の生涯はその作品とは何の関わりもないとして切り離し、スコア（楽譜）のみからスタートしようという行き方もないわけではありません。それどころか、現代の風潮はむしろその方が優勢かも知れません。しかし、そういった行き方は、少なくとも当塾の設立目的・理念に合致しませんん。何となれば、当塾はジャンルの如何を問わず、作者の心の軌跡を跡付けて、その心を、その志を学ぼうという試みですから。優れた作品には必ずと言ってよいほど、作者の考えや志や心境が投影されています。作者の生涯を離れて、作品だけ勉強してみても、当塾の場合、それは全く意味をなしません。音楽の場合、作者の考えや志や思いを伝えるメディアは「音」という、至って抽象的なものです。したがって、他ジャンルにもまして、この行き方は必須と思っております（巻末資料三―二参照）。

つぎに、具体例をあげてご説明しましょう。前回ご一緒に聴きましたモーツァルトの弦楽五重奏曲ト短調（K五一六）の場合でも、全く予備知識なく、いきなり聴いてもらったら、せいぜい単に哀しい曲だなあという程度しか理解できないでしょう。それに対して前回ご説明したような事情の中で生まれたものだということを知っておれば、相当つまされて聴けるのではないでしょうか？（拙著『余生は湯布の山懐で』一九〇―四頁参照）。さらについでに申し上げれば、右記のような理由から各セッション最後の「聴き比べ」の際の比較価値基準も比較対象曲の作曲者の作曲当時の考えなり思いなりを、どの演奏が最も良く再現しているかというのが第一順位でなくてはいけないと思っています。どの演奏が最も美しいかとか、格調が高いかとか、ましてやどれが演奏技術的に優れているかとかといった基準は二の次、三の次だと思います。

最後に、これから申し上げますことは、言わずもがなとは思いますが、あえて念のために申し添えておきます。フレンチ・ポップスの大御所である、フランク・プールセル、ポール・モーリア、レーモン・ルフェーブルなどの演奏する、聞きやすくロマンティックなアイネ・クライネやシンフォニー四〇番などは、バッハの講義のとき申し上げました、ジャズ化されたバッハの曲を聴くのと全く同じ理由でお勧めできません。こうした演奏は、ポピュラー音楽の愛好家が聞くものであって、いやしくもこれからクラシック音楽に親しんで行こうと志す人が聴くものではないと思います。ちょっと聞きが良く、ロマンティックな、それら演奏に慣れ親しんでしまいますと、クラシック畑の演奏はかえってそっけなく、面白くなく聞こえるようになる弊害があるからです。最初は少々きついかも知れませんが、最初から、(否、最初だからこそなおさらのこと)、ぜひとも本物に慣れるようにご努力ください。最後はまた少々固いことを申し上げましたが、大事なことですので、辛抱してください。それでは、今日はこのぐらいで、お開きにしましょう。お疲れさまでした。

(完)

モーツァルトの名曲の名盤をもっと聴いてみたい人のために

（曲　名）　　　　　　　　（盤　名）

・交響曲 No.29/36/38/39：ベーム（新旧共 G）/ワルター（新旧共 CS）

・ピアノ協奏曲 No.9/17/22-25/27：カーゾン（L）/ゼルキン（G/ハスキル（Ph）/バックハウス（L）/フィッシャー（A）

・ヴァイオリン協奏曲：シェリング（Ph）/スーク（De）

・クラリネット協奏曲：ウラッハ（W）/ブライマー（Ph）/プリンツ（L）

・クラリネット五重奏曲：ウラッハ（W）/ケル（Ev）/フックス（L）/プリンツ（L）/ボスコフスキー（L）/ライスター（G）

・弦楽五重奏曲ハ長調（K515）：アマデウス SQ（G）/スメタナ SQ（De）/バリリ SQ（W）

・弦楽四重奏曲 No.17：アマデウス SQ（G）/スメタナ SQ（新 :De/ 旧 :A）

・ヴァイオリン・ソナタ曲集：シェリング（Ph）/バリリ（W）

・ピアノ・ソナタ曲集：ギーゼキング（A）/ケンプ（G）/ハスキル（Ph）

・歌曲集：アメリング（Ph）/シュワルツコップ（A）

・レクイエム：ベーム（G）

レーベル名・略号表

A	エンジェル	Ev	エヴェレスト
Ar	アルヒーフ	G	グラモフォン
Can	カンターテ	HM	ハルモニア・ムンディ
Cl	クラーヴェス	L	ロンドン
CS	CBS・ソニー	Ph	フィリップス
De	デンオン	R	RCA
Ds	ドイツ・シャルプラッテン	Tel	テラーク
E	エラート	W	ウェストミンスター

秋のわが山荘

インターミッション…………秋の湯布、つれづれ

わが山荘からのぞむ「九重連山」

湯布院の秋の一日も、春や夏同様、朝霧の下から始まります。いや、秋こそ深い深い朝霧の下から始まります。しかし、秋は霧のボリュームが違うのです。もの凄いボリュームです。とは言え、同様のこともあります。霧が消え始める時間帯も、完全に消え去る時間帯も、ほぼ他の季節と同じです。つまり、午前八時頃から消え始め、午前十時頃には完全に消え失せます。秋はその消え方もまた格別です。その変化の早さ、激しさがまた素敵なのです。冬の日の雪の溶け方と全く同じです。

しかし、いったん霧が消えると、秋は春や夏に比べ遠くがよく見えます。九重連山など靄に霞んでいた夏の日と違って一段とよく見えるようになります（写真参照）。山が幾重にも重なっている様《さま》がよく分かります。福万山《ふくまやま》山麓のわが山荘から九重連山までは直線距離にして三〇キロメートル内外だと思うのですが、その間に位置する山々が四、五層重なっている様がよく分かります。秋は透明度が高いせいでしょう。

また、秋は朝だけでなく、夜も霧が立ち込める時があります。それも朝同様、尋常ではないのです。もの凄いボリュームです。このあいだの夜も、珍しく夜霧が湯布院の街の上に分厚く掛かっていました。しかし、ただ夜霧が湯布院の街を覆うだけなら、霧の多い当地のこと、さほど珍しいことではありません。その夜の霧がことのほか印象的だったのは、その夜霧の上に月光が差していたことです。下半分はいつものように黒々としているのに、上半分は月光に映え、異様に白く輝いていました。誠にもって幻想的な眺めでした。ベートーヴェンの「ムーン・ライト　ソナタ」でもバックにかけて眺めれば、いっそう幻想性を増したことでしょう。普通、夜霧が出る時はあまり天気の良くない時が多いので、その上に月光が差すことはまずないのですが、当夜は夕方から珍しく急に天候が回復したために、そういう稀な現象が起こったのでしょう。お陰で大変珍しい光景を拝ませてもらいました。

次に、これは何も秋に限ったことではないのですが、霧が話題になったついでに触れますと、昼夜を分かたず一転にわかに霧が立ち込め、文字通り一寸先も見えなくなる時があります。こうした折りに風があると、摩訶不思議《まかふしぎ》な世界に引きずり込まれることになります。つまり、その風に霧が払われると、しばし、視界が開け、また間もなくすると、再度スッポ

霧にかすむわが別荘村

リと霧に包み込まれることになります。あたかも、名匠マービン・ルロイ監督の手になるラブロマンスの傑作『心の旅路』のオープニング・シーンさながらとなります。そういう時は、同映画の主人公スミシーになったような気分に襲われ、ひととき夢幻的な世界を彷徨《さまよ》うことに相成ります。

さて、次は恒例の湯布院近郊ご案内の番ですが、これまで南方向と東方向をご紹介して参りましたので、今回は北方向をご紹介しましょう。

湯布院の北方、直線距離にして三〇キロメートルぐらいのところに、……ただし、山越えの道ゆえ、実際は四〇キロメートル程度はありましょう。そして、今は車でいとも簡単に行けますので何てことないのですが、昔はとても行き来はなかったろうと思われます……町名も町の性格も傍目にはよく似た二つの町が仲良く東西に並んであります。

安心院《あじむ》町と院内町です（平成一六年当時。現在はともに宇佐市に合併）。それではこれから両町の特徴的なもの、シンボル的なものを一つずつご紹介しましょう。

まず、安心院町のそれは「鏝絵《こてえ》」です。鏝絵と言ってもピンとこない読者の方もおられましょうから、町の観光用パンフレットから抜粋してご紹介します。鏝絵とは、江戸末期から明治にかけて、幸福を願う庶民の施主が五穀豊穣、招福避邪を願って、左官職人に鏝と漆喰を使って民家や土蔵の壁に家紋や図柄を描かせたものの由です。もっとも、それは安心院町の発明ではなく、ルーツは江戸期の文化の中心、当時の江戸、今の東京の由です。そこに学んだ地元の左官職人が明治半ばから安心院を含む付近一帯に普及させたもののようです。

しかし、安心院の鏝絵は江戸のものをそのまま持ち込んだものではないようです。江戸のそれが芸術的と言われるのに対し、安心院のそれは土俗的・宗教的なるをもって特徴とすると言われています。しかも、安心院の鏝絵は数において――単一自治体の現存数において――日本一だそうです。一つひとつじっくり鑑賞してみると、施主の意向や左官の好みによって図柄が異なり、波や龍は火除け、兎は子孫繁栄、虎と鷹は魔除け、大黒天・恵比寿・福禄寿・宝船などは招福というぐあいに、当時の庶民の幸福を願う素朴な思いや願いが込められているそうです。

ついで、院内町のそれは「石橋」です。ここの石橋のルーツは遠くローマにあると言わ

院内の石橋（大分県 HP より）

れ、それが中国経由で伝えられたもののようです。院内の石橋は現在合計七四基。これまた、数において日本一だそうです。これらの石橋は江戸期の終わりから昭和の初めにかけて架けられたもののようです。院内に石橋が多いのは、いくつもの集落が深い谷に点在するという地形上の理由と、川の流れが速く、木橋では大水のとき、流されてしまうためと言います。

ふだんは足元にあって、見落としがちな石橋。まして、実用的価値の薄れた現在では、その値打ちはただ渡ってみるだけでは見えてこないのではないでしょうか。視点や視座を変えて、袂《たもと》からじっくり見上げたとき、石橋は見る人の心の豊かさに応じて、多弁に語りかけてくるのではないでしょうか。代表的な石橋については、夜間ライトアップされていると聞きます。昼とはまたずいぶんと趣が異なることでしょう。夜の石橋もいずれとくと鑑賞してみたいものと思っています。

（完）

秋季セッション

●一〇月度サブ例会●

ベートーヴェンへの誘い（一）

――人と作品紹介（前半生篇）――

【例会案内】

‘03年10月度サブ例会

“ベートーヴェンへの誘い（1）”

～人と作品紹介（前半生篇）～

ゆふいん熟塾

芸術を愛でるには絶好の季節を迎えました。腕まくりをして励みましょう。

さて、今年度の音楽例会（サブ例会）も、早くも３セッション目に入り、最後の楽聖ベートーヴェンの番を迎えました。昨年度のベートーヴェン・シリーズは、他の二人の楽聖の場合と同様に、生涯の説明は前期・中期・後期の三期に分け、くわえて、作品の紹介・鑑賞もジャンル別に行ないましたが、今年度のベートーヴェン・シリーズは、これまた他の二人の場合同様、生涯の説明は前期・後期の二期に分け、作品の紹介と試聴もそれにぴったり寄り添う形で進めて参ります。

しかし、そうした場合、彼の場合は、前二者と異なり、どこで区切るか問題なしとしません。私はビギナーの皆さんに向かって、誰よりも深遠で難解な彼の晩年を含めて二分するのは、前二者にもましていかがなものかと思い、独断と偏見で恐縮ながら晩年は除くことにして、ちょっと早過ぎる嫌いはありますが、かの有名なハイリゲンシュタットの遺書を書いた時点にしました。悪しからず。

記

1．日時・場所

‘03/10/4（土）14:00 ～ 17:00 於カリタス・アカデミー

2．例会内容

第一部：人と作品紹介（前半生篇）

1）人と成り紹介

2）作品紹介・試聴

（1）ピアノ協奏曲第３番

（2）弦楽四重奏曲第４番（Op.18-4）

（3）ヴァイオリン・ソナタ第５番“春”

（4）ピアノ・ソナタ第８番、第14番＆第17番

第二部：懇談（with coffee and cakes）

【例会記録】

皆さん、こんにちは！　春とともに、当地湯布院の最も素敵な季節である秋を迎えました。音楽に、映画に、読書に大いに親しんで参りましょう。それではさっそく、今月の演題に入りますが、今回はベートーヴェンの前半生についてです。順を追ってご紹介して参りましょう。

前半生ゆかりのボンにあるベートーヴェン生家

家系・生い立ち

ベートーヴェンは一七七〇年、かつての西独の首都ボンで、その生を受けました。父方は二代前、つまり祖父の代にオランダから移住しています。名前も楽聖ベートーヴェンと同じ、ルートヴィッヒといった祖父は、もとは歌手でした。移住後もボンの宮廷楽団に加わり、最後は楽長にまでなった人で、後にベートーヴェンの出世の目標になった人でした。祖父ルートヴィッヒは移住後、ドイツの女性と結婚し、三人の子供をもうけましたが、成人したのは一人だけでした。この人がのちにベートーヴェンの父となるヨハンです。父ヨハンは祖父の口利きで、祖父同様、宮廷の歌手となりましたが、才無く、意志も弱く、しだいに酒に溺れて行きます。とまれ、このヨハンが宮廷の召使いで未亡人のマリア・マグダレーナと結婚し、ベートーヴェンをもうけます。

幼・少年時代

こういう家庭ですから、生活は当然、豊かではなく、ベートーヴェンも父親以外からきちっとした音楽教育を受けたかどうかも分っておりません。しかし、当時はまだ天才モーツァルトの神童伝説が色濃く残っていた時代ですから、父のヨハンがモーツァルトほどではないにせよ、並みではなかったベートーヴェンの楽才に目をつけて、猛練習を課し、第二のモーツァルトに仕立て上げることを画策したようですが、ベートーヴェンの天賦の才はモーツァルトのような早熟型ではなかったため、彼の夢は叶いませんでした。しかし、ベートーヴェンの才能も、父ヨハンが期待した程のスピードではなかったにせよ、着実に伸びて行ったようです。

ちょうど、そのような彼が一〇歳過ぎの折り、C・G・ネーフェという人に付いて、音楽理論の勉強を本格的に始めています。数年後には、習作の域は出ないとは言え、俗に「選帝候ソナタ」と言われる三曲のピアノ・ソナタ（これらは全部で三二曲ある彼のピアノ・ソナタ全集には含まれません）を書き、一応オーソドックスな曲を書くまでに成長します。ネーフェはその間もベートーヴェンの生活費の足しの意味と、音楽体験を積ませる意味を兼ねて、劇場の楽団でチェンバロを弾かせたり、宮廷のオルガンを弾かせたり、ある音楽雑誌に彼の紹介記事を載せたりもしました。というしだいで、ネーフェはベートーヴェンにとっては第一の恩人と言っても差しつかえないかと思います。

青年時代

あまり旅に出なかったベートーヴェンですが、一七歳の折りに、憧れのウィーンに初めて出掛けて行っています。目的は定かではありませんが、一説にはモーツァルトに会って、できれば弟子にしてもらうつもりだったのではないかと言われています。とまれ、モーツァルトがベートーヴェンのピアノの即興演奏を聴いて、「彼はやがて世間を驚かす人になるだろう」と言ったというエピソードはこの時のものと言われています。エピソードの多いモーツァルトに比べ、あまりエピソードのないベートーヴェンにとって、数少ないエピソードの一つになっています。しかし、この時期のモーツァルトは、すでに勉強しましたように、人気衰退の兆しが見え始め、他人の事どころではなかったため、弟子には取らなかったようです。この旅行中、ベートーヴェンを突如、不幸が襲います。母親との死別です。すでに酒びたりだった父親と異なり、彼を絶えず優しくかばい、可愛がってくれていた母親との早過ぎる死別は、さしも精神的にタフな彼でも相当こたえたようです。先のエピソードで、モーツァルトに一回断られただけで簡単に諦めているあたり、後年のベートーヴェンの行動を考えると信じられないような気がするのですが、ひょっとしたら、この旅行中に届いた母親の重病の報せ、訃報が係わっているのかもしれませんね。また、後日談ながら、彼の好みの女性の特徴がどうもこの母親のそれと合致しているのだそうです。母の面影をそこに見出していたのかもしれませんね。性格的には粗暴に見えたベートーヴェンでしたが、意外な一面を見る思いがします。ベートーヴェンの曲を……とりわけ奇数番号の交響曲の演奏に接するとき、とかく私たちはフルトヴェングラーやトスカニーニのように男性的にして力感溢れる再現（ディオニソス性の強調）を期待しますが、あながちそうとばかりは言えないのではないかという気がします。ワインガルトナーやワルターのようなアポロ的な解釈にも、もっと注目しなければならないのではないかという気がします。第三回目以降の例会では、そのへんのことも踏まえ、多角的多面的に鑑賞して参りましょう。少々軌道からずれた観があります。元の軌道へ戻りましょう。

家庭的に恵まれていなかったベートーヴェンにとって、この時期、慰めとも励みともなったのは、ブロイニング家の人たちとじっこんになったことでしょう。もともとはのちに医者になる友人ウェーゲラーの紹介でブロイニング家の長女と三男にピアノを教えるためだったのですが、未亡人から文学、ラテン語、礼儀作法なども学ぶようになり、家族同然の付き合いになって行ったようです。さらに、特筆すべきは、ブロイニング家を通じ、後に親交を深めるワルトシュタイン伯爵とも親しくなったことでしょう。ベートーヴェンは、このような環境の影響もあってか、二〇歳前にボンの大学の聴講生となり、哲学や文学やその他の講義も受講したようです。ベートーヴェンの社会人としての素養はこの時代に培われたと見てよいでしょう。

ウィーン時代

ベートーヴェンも、モーツァルトがそうであったように、当時、ヨーロッパ第一の音楽の都であったウィーンに出て活躍することを永年、夢見てきました。それが二二歳の年に実現します。モーツァルトに対し、たいてい後れを取ってきたベートーヴェンがこの点だけは先んじています。それは主としてワルトシュタイン伯爵の尽力によって実現したのですが、出立に当たって、彼は伯爵から「君はたゆまざる努力によって、ハイドンの手からモーツァルトの心を受け取り給え」という、有名な餞《はなむけ》の言葉をもらって、勇躍《ゆうやく》ウィーンに出掛けて行きます。

ウィーンに出たベートーヴェンが落ち着いた先は、立派な家ではありません。印刷屋の屋根裏の一室でした。そして、そこから胸を膨らませてハイドンの許へ通って行ったわけです。しかし、ハイドンのレッスンは、彼が期待したほどではなかったようです。それでも、彼が英国へ発つまで、約一年通って行きます。その後は（噂の域を出ませんが）モーツァルト毒殺説のあるA・サリエリほかにも付いて、作曲の勉強を続けます。そうこうしているうちに、ベートーヴェンのピアノ演奏の実力も認められ、ルードルフ大公を初めとするウィーンの貴族たちとの交際の道も開けてきます。

二五歳の夏に、英国に出掛けていたハイドンがウィーンに帰ってきました。ベートーヴェンはこの機を逃してなるものかとばかり、ピアノ・トリオ（三曲）とピアノ・ソナタ（三曲）をハイドンに聴いてもらってほめられています。しかし、その翌年か翌々年ごろ、ピアニストとしての名声がとみに高まるなか、今度は彼自身に一大事が起こります。耳の疾患です。その後、二七、八歳の頃、この耳疾のために相当強い絶望感を味わいます。それが影響してか、この時期、彼の音楽に彼独特の悲愴感がしばしば現われるようになります。それでは、ここらで、この時期に書かれた曲を数曲、さわり部分だけですが、聴いてみましょう。ピアノ・ソナタ第八番「悲愴」、弦楽四重奏曲（OP一八―四）、ピアノ協奏曲第三番です。ピアノはアラウ盤、弦楽四重奏曲はバリリ盤を使用します。

いかがでしたか？　ハイドンやモーツァルトの香りもほのかにはしますが、全体的には、もうこれはベートーヴェンの響き以外の何ものでもないと思われませんか？　それでは、また先に進みましょう。

＊　＊　＊　＊　＊

一八〇〇年、ベートーヴェン三〇歳の時には、もう彼はモーツァルト亡き後のウィーンで、ピアニストとして、また作曲家として、その名声は確固としていました。しかし、一方では悲劇が日一日と近づいていました。二六歳の頃に初めて感じた聴覚の異常は、年とともに深刻さを増し、一八〇一年にはそれを隠していることが難しいほどになりました。彼は親しい友人たちの勧めにしたがっていろいろな手当てを試みてきましたが、いっこうに良くならず、むしろ悪くなる一方でした。翌年の三二歳の夏、ハイリゲンシュタットに避暑に行っていたとき、ついに全く耳が聞こえなくなったことを認めなければならないような出来事に出くわします。彼は絶望し、幾度も自殺を考えたようですが、音楽への愛がそれを思い留まらせ、「生」へ、否……「人一倍強い生」へと向かわせました。その辺りの経緯は、かの有名な「ハイリゲンシュタットの遺書」に詳しく書かれています（文末資料参照）。

こうして、彼は、異性への憧れを除けば、日常的な意味での楽しみはすべて諦め、ただひたすら音楽の道を邁進する決心をします。この苦闘の中にあって、彼に一条の光明を与えたのが、当時一七歳の伯爵家令嬢ジュリエッタ・グィッチャルディへの恋でした。この恋は現実には、ほかの恋同様、実を結びませんでしたが、彼の彼女への恋心……心の高まりは、かの有名なピアノ・ソナタ第一四番「月光」に結実して、後世に残されました。このようにして、彼は耳疾の苦しみとジュリエッタに対する恋心という、いわば明暗二つの関心事に挟まれて、苦悶しながらも、見方によっては、一方の苦を、もう一方の楽で打ち消し相殺しながら、何にもまして強い愛、すなわち「音楽への愛」に支えられて、この時代を（この時代だけではありませんでしたが）生き抜いて行くのですが、その苦闘はやがて、次回詳しくお話ししますロマン・ロランの言うところの「傑作の森」という形で結実します。

しかし、それは次回のお楽しみとして、今回はそこへ至る一歩手前の佳曲群から、さっきお話ししました「月光ソナタ」を筆頭として、同じくピアノ・ソナタ第一七番「テンペスト」と、そのニック・ネーム「スプリング」のように清々しいヴァイオリン・ソナタ第五番をお聴きいただいてお開きとしましょう。なお、使用盤はピアノがさっきと同じくアラウ盤、ヴァイオリンはシェリング盤です。

（完）

■ハイリゲンシュタットの遺書■

ハイリゲンシュタット
一八〇二年十月六日

わが弟たちカールと□ベートーヴェンのために

おお、お前たち、お前たちは僕を敵意ある、強情な人間嫌いと思い、人にもそう言い広めているが、それはいかに不当であったことか。お前たちにそう見える、隠れた原因を知らないからだ。幼児から僕の心情も考えも、優しい親切に向けられ、偉大な仕事をなそうと努めてきた。だが考えてみよ、六年このかた不治の病におかされ、つまらぬ医師たちにより、いっそう病を重くされ、年ごとによくなる望みにあざむかれ、遂に慢性の病となった（治癒には今後何年かを要し、それも全く不可能かもしれぬ）。生まれつき情熱あり快活で、交際も楽しむ自分が、若くして退き、孤独な生活を送ることになったのだ。時にはすべてを乗りこえようとしたが、おお、耳が悪いことから、いつも二重の悲しい思いではね返されてきたことか。人に向って、私は耳が聴こえないから、もっと大声で話してくれ、叫んでくれとは、とても言えたものではない。他人よりいっそう完全なるべき一つの感官、前には全く欠陥なく、選ばれた音楽家たちのなかでも稀なほど完全であったこの聴覚の弱まりを、どうして他言などできようか。だから人々の仲間に加わりたい折にも、避けざるをえぬ。そういう誤解もあり、重なる不幸を悲しむ。察してくれ、もう人との交際で気を晴らしたり、綾ある談話を楽しんだり、心を開き合うことも、みなできなくなった。どうしてもやむをえない時に、人なかに出るだけで、流刑者のように一人で暮らさねばならない。何かで人々に近づく時は、自分のみじめな具合を人にさとられる危険にさらされることが、全く不安である。

賢明な医者のすすめで、この半年田舎に暮らした間もその通りで、耳をここでなるべくいたわった。幾度か人なかに出たい衝動にかられることもあったが、今の気分は自分に合っている。しかしそばに立つ人が遠くの笛の音を聴くのに、僕には何も耳に入らない時や、牧人が歌っているのを誰かが聴いて、僕に聴こえない時は、ほとんど絶望し、あわや自殺しようともした。ただ芸術だけが僕を連れもどした。ああ、自分に課された創造をすべてやりとげるまでは、この世を棄てることなどできぬと考えたのだ。だからこのみじめな生命を――全くみじめにも、最良から最悪の状態へ急に落ちこむこの感じやすい体で、ひきのばしてきた。忍耐！　――それを今は頼るほかはない。僕はそうした。――恵みなき運命の女神が、生命の綱を切るまで、この決心を持ちこたえさせてほしい。いくらかでもよくなるか、そうではないか、覚悟はきめている。早くも二八歳で哲学者になれとは、やさしいことではない。芸術家にとってはなおさらむつかしいことだ。神よ！　わが胸中をみそなわし、わが心に人類愛と善行の志の宿るを知りたまう。おお人々よ、お前たちはいつかこの書を読む時、僕に、いかに不当であったかをかえりみるであろう。そして不幸な人々よ、お前たちは、他の一人の不幸な人間が、芸術家また人間として尊敬すべき域をめざし、自然のあらゆる障害と戦い、なしうる限りをつくして果たさなかった、自分たちと同じ不幸さを知り、みずからを慰めよ。

……以下省略……

ルートヴィッヒ・ヴァン・ベートーヴェン

（大築邦雄著『ベートーヴェン』音楽の友社刊より）

ベートーヴェンゆかりの地

●一一月度サブ例会●

ベートーヴェンへの誘い（二）

――人と作品紹介（後半生篇）――

【例会案内】

‘03年11月度サブ例会

“ベートーヴェンへの誘い（2）”

～人と作品紹介（後半生篇）～

ゆふいん熟塾

ベートーヴェン・シリーズ二回目の今回は、彼の後半生の人と成りと作品の特集です。

まず、生涯につきましては、例の遺書を書いてみごとに立ち直ってからは、意外にも（失礼！）かの有名な“永遠の恋人”を含む数多くの貴族女性とのロマンスが芽生えます。そして、それらが作曲上のインスピレーションを彼に与え、数々の傑作が生み出されていきます。そういった事情を最も色濃く反映しているのが、下記の(2)(3)の曲でしょうか？

次に、作品につきましては、天才肌のモーツァルトに比べれば無論のこと、どちらかと言えば、晩成型のバッハに比べてもいっそう晩成型のベートーヴェンのこと、その後半生の作品のほとんどは、人気があるなしにかかわらず、傑作揃いです。したがって、いずれを選んでも、密度の濃い作品ばかりですから聴くのも骨が折れますが、頑張ってご一緒に聴き込んで参りましょう。

記

1．日時・場所

‘03/11/8（土）14:00～17:00 於カリタス・アカデミー

1．例会内容

第一部：人と作品紹介（後半生篇）

1）人と成り紹介

2）作品紹介・試聴

（1）交響曲第3番、第5番&第6番

（2）ピアノ協奏曲第4番

（3）ヴァイオリン協奏曲

第二部：懇談（with coffee and cakes）

#【例会記録】

皆さん、こんにちは！　美しかった紅葉も散り、どことなく冬の気配が感ぜられる頃となって参りました。今年のサブ例会活動も後二つ残すだけです。もう一息、頑張って参りましょう。

前回のベートーヴェンの前半生についてのレクチャーでは、作品よりも生涯の紹介の方に重点を置いてお話ししました。しかし、今回はその逆で、生涯よりも、作品の紹介の方に重点をおいてお話ししようと思っています。その方が実態にも合致するように思いますので。

かの有名な「ハイリゲンシュタットの遺書」を書いた時期をおよその境目として、彼の創作活動の上では至って華々しい後半生が展開されて行きます。後半生の最初の大作は、かの評判の高い交響曲第三番「英雄」です。それは最初の危機を克服し、みごと再起した直後の、高揚する精神状態を反映するかのように、すこぶる演奏効果に富むものとなっています。そして、そのことは「傑作の森」と言われる彼の創作活動・第二期の一大特徴ともなっていると思います。それではここで、その「英雄」のレコードから聴いて参りましょう。使用盤は決定盤の世評高いフルトヴェングラー盤です。

＊　＊　＊　＊

いかがでしたか？　未曾有の気宇壮大な構成に、魅力的なメロディが溢れ、テンポ、リズムも己の過酷な人生に対する、積極果敢な攻撃的姿勢を反映するかのように弾んでいましたね。それでは、また先に進みましょう。

「英雄」を完成させるや、彼はただちにもう一段激しい闘争的な曲の作曲に取り掛かります。それが、今日、第九交響曲「合唱付き」とともに、彼のすべての曲の中で、否、クラシック曲すべての中で、最も人気の高い、彼の五番目の交響曲「運命」です。そして、この時期、例の「トン、トン、トン、トーン」という「運命の動機」に凝《こ》ります。この動機はこの時期の姉妹曲――ヴァイオリン協奏曲、ピアノ協奏曲第四番にも現れます。ただ、前者の「運命」のそれは激しく、劇的なのに対し、後者は至って平穏で、幸せ感に溢れています。おそらく、前者は徐々に悪化を続ける「耳の疾患」に象徴される苛烈《かれつ》な運命との闘いを反映

ボンに建つベートーヴェン像

するものでしょうし、後者は「永遠の恋人」の一候補とされるヨゼフィーネとの恋が順調に進行中で、彼の精神状態もおそらく生涯中で最も落ち着いていたことと推測され、そうした平静さが色濃く反映しているものと思われます。それではまたここで、それら三曲のさわりだけでも、さっと聴いてみましょう。使用盤は、「運命」が「英雄」同様、フルトヴェングラー盤、ヴァイオリン協奏曲がシェリングの新盤、ピアノ協奏曲の四番がバックハウスの新盤です。

＊＊＊＊＊

ただいま聴きました三曲は、モーツァルトの交響曲四〇番と四一番同様、ほぼ同時期に作られた曲ですのに、ドラスティックな（劇的な）好対照をなしていたでしょう？　こういう好対照を見せるとき、その作者は間違いなく巨大な魂の持ち主に成長しているのですよ。また、いずれの演奏も、決定盤にふさわしく、素晴らしい演奏ばかりでしたね。それでは、また先をいそぎましょう。

ベートーヴェンの生涯を語るとき、唯一の魅力的な話題として、彼の女性問題がよく取り上げられますが、その代表格が「永遠の恋人」です。映画や小説などにする場合、モーツァルトのように多くの格好のエピソードに恵まれていない彼のこと、唯一の人目を引く話題として「女性問題」が扱われるのも宜《むべ》なるかなとは思いますが、おそらく彼にとって最も強い愛とも言うべき……言い換えれば、最大の人生目的とも言うべき「音楽への愛」と等価なほど本問題に重きを置くのは、私はいかがなものかと思います。また、幼い時から家庭的にも恵まれず、女きょうだいもなく、一六歳で母親と死別してからは、全く女気のない家庭で成人した彼にしてみれば……、さらに、それにかてて加えて、二〇歳半ばからは「耳疾《じしつ》」が加わった彼にしてみれば、普通の男性より女性に対する関心と憧れが強かったのも無理からぬこととは言え、バッハやモーツァルトのように結婚適齢期の初期的段階で、バッハの場合のように結果的に良くても、モーツァルトの場合のように結果的に悪くても、とにもかくにも、伴侶が得られておれば（こう申し上げては女性の方々には非礼かもしれませんが、意のあるところをお汲《く》み取りください）、性欲がけっして弱かったとは言いがたい先輩二人ですら、二人とも揃って、奥さん以外の女性にはとんと興味や関心を抱かなかったことを考え併せれば、本問題にあまりこだわり過ぎたり、重要視し過ぎたりするのは、彼の人間としての本質や人生の意義などを見誤らせる危険をはらんでくると同時に、彼の人間としての「器」を小さからしめることに繋《つな》がると私は考えます。

よって、私はベートーヴェンのことについて語ったり書いたりするとき、こと女性問題についてはそれが間違いなく彼の作品に影を落としていると思われる場合に限り、しかも最小限に留めることにしておりますので、そのようにお含みおきください。

そして、一八一五年、彼四五歳の時以降を「晩年」と呼ぶのが定説となっておりますが、バッハ、モーツァルトの場合同様、ビギナーの皆さんに向かってそれ以前と同様に、この期の生涯と作品について、詳しくお話ししたり、レコードをかけたりするのは、時期尚早と思いますので、晩年期につきましてはごく簡単な紹介に止めさせていただきます。

兄弟の中では彼ルートヴィッヒと比較的に仲の良かった次弟のカールが一八一五年に亡くなり、年少の甥カールが残されました。そして、弟カールはその死にぎわに、息子のカールをくれぐれもよろしく頼むと言って亡くなりました。しかし、甥カールには不良性があり、その上、母親は彼ルートヴィッヒが「夜の女王」と呼んだほど身持ちの悪い女性でした。にもかかわらず、彼は弟カールの願いを重く受け止め、甥のカールを一人前の立派な大人に育て上げるべく、尋常ならざる努力をします。一つが母親ヨハンナと後見人の立場を争って法廷闘争までしたことであり、もう一つが甥カールに高い教育を受けさせるために彼を多額の費用を要する分不相応な学校に入れたことです。

しかし、彼のこのようないちずな努力にもかかわらず、甥カールの不良性は少しも改善されず、一九歳の折りには自殺まで企てます(幸い、一命は取り止めましたが)。ベートーヴェンのその時の徒労感はいかばかりだったろうと同情します。その後、甥カールは自分の希望どおり軍人になり、ベートーヴェンとも和解しますが、時すでに遅く、後半生の持病となる下痢と体調不良に心労と過労が重なり、一八二七年に没します。享年五七でした。早世だったモーツァルトの享年三六に比べればまだましとは言え、バッハの享年六五に比べれば早過ぎる死でした。

ところで、彼の晩年期の作品ですが、晩成型の彼のこと、さすがに傑作揃いです。この期の傑作としては、皆さんもよくご存知の第九交響曲「合唱付」を筆頭に、荘厳ミサ曲、五曲の弦楽四重奏曲、ピアノ・ソナタでは第二九番「ハンマークラヴィーア」を頭とする最後の四曲などがあげられますが、ビギナーの皆さんが今すぐお持ちになったり、お聴きになったりする必要はないと思います。

ベートーヴェンの生涯は、間違いなく、音楽的かつ人間的成長の生涯であったと確信します。彼は今まで見てきましたように、生涯家庭的に恵まれなかったこと、二〇歳代半ば以降ずっと「耳疾」に悩まされ続けたこと、その上、晩年は経済的にも恵まれなかったことなど、常に逆境にあり、その逆境と闘い、それを克服しながら、音楽的にも、人間的にも発展し伸長して行きました。彼の生涯目標を、粗略の誹りを恐れずにひと言でいえば、人間の無限の可能性を謳歌すること……つまり、「人間賛歌」であったろうと想像します。晩年、打ち続く逆境にもめげず、それをバネにして、彼の高く、広きを希求して止まぬ魂は、個人の視点から国家の視点へ、さらには全世界の視点へ、果ては宇宙的視点へと、高く飛翔して行ったのだと思います。その意味においては、バッハ、モーツァルト同様、己の精神的成長のための「教師」たり得る数少ない偉大なる作曲家の一人だと思うのです。

それでは、最後に先程ご一緒に聴きましたヴァイオリン協奏曲やピアノ協奏曲第四番とほぼ同時期に作曲され、同じような曲調の第六交響曲「田園」の第二楽章を聴いてお開きにしましょう。お疲れさまでした。なお、レコードはベートーヴェンのスペシャリストたるフルトヴェングラーのものを使用します。

（完）

●一二月度サブ例会●

ベートーヴェンへの誘い（三）

――関係書講読――

#【例会案内】

‘03年12月度サブ例会

“ベートーヴェンへの誘い（3）”

～関係書講読～

ゆふいん熟塾

九州とは言え、高地の湯布院のこと、だいぶ冷え込んで参りました。こういう活動もそろそろ限界ですね。しかし、残すは今月の二例会だけです。頑張って計画どおり進めて参りましょう。

さて、今年最後のサブ例会のテーマは、今回がシリーズ三回目ゆえ、彼に関する書物を読む番です。前二楽聖の場合、かなり大部な書物を取り上げましたから、さぞてこずられたことと思いますが、ベートーヴェンの場合こういう例会活動にはうってつけの書物があります。スイスの文豪ロマン・ロランの手になる、簡潔ながら大変中身の濃い書物です。ご期待ください。

記

1．日時・場所

‘03/12/6（土）14:00 ～ 17:00　於湯布院中央公民館

2．例会内容

第一部：レクチャー&コンサート

1）関係書購読

R.ロラン著「苦悩の英雄ベートーヴェンの生涯」（角川書店刊）

2）作品試聴（いずれも抜粋）

（1）交響曲 No.1/2/3/4/5/6

（2）ピアノ協奏曲 No.4

（3）ヴァイオリン協奏曲

（4）ピアノ・ソナタ No.8/14/17/23/24

第二部：懇談（with coffee and cakes）

【例会記録】

R. ロラン著（新庄嘉章訳）『苦悩の英雄ベートーヴェンの生涯』

皆さん、こんにちは！　本日は今年三人目の楽聖ベートーヴェンについての関係書を講読する番です。出しものはあらかじめお届けしてあります例会案内ですでにお知らせしてありますとおり、フランスの文豪ロマン・ロランが著した『ベートーヴェンの生涯』です。本書は大文豪の作にしては、至って小振りのものですが、全篇ベートーヴェンに対する愛情に満ち満ちた名著です。それではさっそく、講読に取り掛かることにしましょう。

彼ベートーヴェンが、かつての西独の首都ボンに生まれて、成人になるまでは、すでに前二回の例会（生涯編）でもご紹介しておりますし、だいたいがモーツァルトなどに比べれば、エピソードの少ない人ですから、割愛することにして、二二歳でウィーンに出るあたりから読んで行くことにしましょう。

一七九二年にベートーヴェンはボンを去ったが、それはちょうど、戦乱がボンへ侵入してきた時だった。彼はドイツの音楽首都だったヴィーンに落ち着いた。ヴィーンへ赴く途中、彼は、フランスへ向かって進軍中のヘッセンの軍隊に行きあった。たしかに彼は愛国的な感情にとらわれたのだ。一七九六年と一七九七年に、彼はフリートベルク作の好戦的な詩に作曲した。その一つは、『出征の歌』であり、もう一つは、愛国的合唱歌『われらは偉大なドイツの民』である。だが、彼が《革命》の敵を歌おうと欲するのは無駄なことだった。《革命》は世界を征服し、またベートーヴェンをも征服したからだった。一七九八年以来、オーストリアとフランスの関係は緊張していたにもかかわらず、ベートーヴェンは、フランス人たちや、フランス大使や、ちょうどヴィーンに到着したばかりのベルナドット将軍と親密な交際を結びはじめた。こうした交遊のうちに、ベートーヴェンの心には共和主義的な感情が強められてきた。そしてこの感情の力強い発展がその後の生涯に見られた。

この時期の彼を描いたシュタインハウザーの素描は、当時の彼の姿をかなりよく写している。この肖像とその後の彼のさまざまな肖像との比較は、ゲラン作のボナパルトの肖像、あの野心的情熱に責めさいなまれているきびしい表情の肖像と、その他のナポレオン像との比較によく似ている。この肖像のベートーヴェンは年よりも若く見え、痩《や》せていて、真直ぐな首は高い襟飾《えりかざ》りの中でこわばり、油断のない緊張した眼つきをしている。彼は自分の価値を知っている。彼は自分の力を信じている。一七九六年に、自分の手帳にこうしるしている。《元気を出すのだ！　肉体はどんなに弱くても、私の才能は勝利を得るだろう……二十五歳だ！　今や二十五歳となったのだ！

……今年こそ、自分の力を全的に現わさねばならぬ》。フォン・ベルンハルト夫人やゲーリンクに言わせると、ベートーヴェンは非常に尊大で、態度が粗野で無愛想で、ひどい国訛《くになま》りで話していた。しかし、彼の最も親しい人たちだけは、彼がこの傲慢《ごうまん》そうに見える不器用な態度の裏に、なんとも言えない善良さを隠し持っていたことを知っていた。ヴェーゲラーに自分の音楽会の大成功を手紙で知らせた時、彼の頭に浮かんだ最初の考えはこうだった。《例えば、ぼくが困っている友人に出会うとする。ぼくの財布が即座に彼を助けることができないとしても、ぼくは仕事机に向かいさえすればいいのだ。そうすれば、たちまちにして友人は窮地からぬけ出れるのだ……なんとこれはすばらしいことではないだろうか》。それから同じ手紙の少し先でこうも言っている。《ぼくの芸術は貧しい人々の幸福にささげられねばならぬ》

生まれ育ったボンを後にし、音楽の都ウィーンに移り住んだ一七九二年はベートーヴェンの年齢で言えば、二二歳の年に当たりますが、これに先立つこと約五年の一七歳のとき、ベートーヴェンは初めてウィーンに旅し、当時まだ存命だった大先輩モーツァルトに逢っています。この旅の目的はよく分からないながら、どうやらモーツァルトに逢って弟子にしてもらうことだったようですが、母の危篤の知らせを受け取ったこともあり、言い出せずにそのまま帰っています。そんなおずおずした一七歳のベートーヴェンに比べれば、ここに描かれている青年ベートーヴェンは自信に満ち溢れ、期待に胸膨らませている様子が、ロランの筆で実にいきいきと活写されていると思います。皆さん、そうは思われません？　しかし、苦悩多き人であるベートーヴェンのこと、青春の日々からして、このような幸せな日々はそう長くは続きません。先を読みましょう。

苦痛はすでに彼の扉を叩《たた》いていた。それは彼の中に住みついて、もはや立ち退こうとしなかった。一七九六年と一八〇〇年の間に、聾《つんぼ》（原文のまま）がひどくなりはじめた。耳鳴りは夜昼やまなかった。また腸の病気にも悩まされていた。聴覚は次第に弱くなって行った。数年の間は、彼はそれをだれにも、最も親しい友人たちにも打ち明けなかった。この持病を気づかれないようにと、彼は人々を避けていた。彼はこの恐ろしい秘密を自分一人にしまっておいた。しかし、一八〇一年には、もはや隠しきれなくなった。彼は絶望的な気持で、それを二人の友人、医師ヴェーゲラーと牧師アメンダに打ち明けた。

《ぼくの親しい、善良な、愛情深いアメンダよ……きみがぼくのそばにいてくれたらと、どんなにしばしば思うことだろう！　きみのベートーヴェンは今ひどく不幸なのだ。ぼくのからだの一番大切な部分、聴覚がすっかり衰えてきたのだ。ぼくたちがいっしょにいた頃、ぼくはすでにその徴候を感じていた。だがそれを隠していたのだ。ところが、その後、ますます悪くなる一方だ……ぼくは治るだろうか？　もちろんぼくはそれを望んでいる。しかし望みはほとんどない。こうした病気は一番治りにくい病気なのだ。なんとぼくは、悲しく生きねばならないのだろう！　ぼくの愛するすべて、ぼくにとって親しいすべてを避けねばならないのだ！　しかも、こんなにもくだらない、利己的な世間の中で！　悲しい諦め、そこにぼくはのがれねばならないのだ！もちろん、これらのすべての不幸を超克《ちょうこく》しようと思った。だが、どうしたらそれができるだろう？》

　またヴェーゲラーに宛ててはこう書いている。《……ぼくはみじめな生活を送っている。二年以来、ぼくはあらゆる人の集まりを避けている。なぜって、ぼくは人々と話をすることができないからだ。ぼくは聾なのだ。もしぼくの仕事が何かほかのものだったら、まだなんとかできるだろう。だがぼくの仕事では、これは恐ろしい状態だ。ぼくの敵どもが知ったら、いったいどう言うだろう。しかもその数は少なくないのだ！……劇場では、俳優のせりふを聞きとるために、ぼくはオーケストラのすぐそばにいなければならない。少しはなれると、楽器や声の高い音《おん》が聞こえないのだ……人が静かな声で話すと、どうやらやっと聞きとれる。ところが、大きな声で話すと、とても堪えがたいのだ……しばしばぼくは自分の存在を呪《のろ》った……プルタルクはぼくを諦めに導いてくれた。もしもできることなら、ぼくはこの宿命に挑みたい。だが、時として、自分は神の造りたもうたもののうちで一番惨めなものだと思われることがあるのだ……諦め！　なんという悲しい避難所だろう！　だが、これがぼくに残されたただ一つの避難所なのだ！》

　この悲劇的な悲しみは、この時期のいくつかの作品の中に現われている。「悲愴奏鳴曲」（作品第十三番、一七九九年）や、特に「ピアノのための第三の奏鳴曲」（作品第十番、一七九八年）のラルゴの中に。不思議なことに、この悲しみはどの作品にもその跡を刻みこんでいるというのではなく、他の多くの作品、例えば陽気な「七重奏曲」（一八〇〇年）清澄な「第一交響曲」（ハ長調、一八〇〇年）は若々しい呑気《のんき》さを映している。たしかに、魂が苦痛に慣れるためには相当の時間がかかる。魂はぜひとも歓喜を必要とするので、歓喜を持っていない時には、それをつくり出さねばならない。現在があまりにも残酷な時には、魂は過去に生きる。かつてあった幸福な日々は、一挙に消えるものではない。その輝きはそれらの日々がもはやなくなってしまってからもなお長く続いている。ヴィーンに孤独で不幸な生活を送っていたベートーヴェンは、生まれ故郷の思い出の中にのがれていた。当時の彼の思想は、そうした思い出にすっかりひたされている。『七重奏曲』の中の《変調するアンダンテ》の主旋律はライン地方の歌曲である。『ハ長調交響曲』もまたライン河から生まれた作品であり、自分の夢想にほほえみかけている若者の詩である。この交響曲は陽気で、ものうげである。そこには人を悦ばせたい気持と、悦ばせうる期待とが感じられる。しかし、ある楽節において、導入部において、ある暗い低音部の明暗において、また幻想的なスケルツォにおいて、人々はなんという感動をもって、未来の天才の眼差《まなざし》をこの若々しい姿の中に認めることだろう！　それは、ボッチチェリの描いた「聖家族」の幼児《バンビーノ》キリストの眼である。間近かに来た悲劇がそこに読み取れるような気のする、あの幼児の眼である。

後年、難聴の大作曲家として、つとに有名になるベートーヴェンの耳疾《じしつ》は、二十六、七歳という、早い時期にもう彼を襲っていたのですね。とまれ、これが苦難多き人といわれるベートーヴェンにとって、最初の苦難の襲来です。それではここで、作品の上にその痕跡《こんせき》が認められるとロランの言う「ピアノ・ソナタ第八番『悲愴』」と彼にとって最初の交響曲を、ケンプ盤とベーム盤で聴いてみましょう。

＊＊＊＊＊

いかがでしたか？　ロランの言うとおり、ニックネームどおり悲愴味を帯びた曲に、望郷と回春の情に満ちた曲でしたね。それにしても、最後の二行のボッチチェリの絵の比喩《ひゆ》はロランならではですね。さすがと思わせます。それではまた、先に進みましょう。苦悩多き人ベートーヴェンのこと、苦難の襲来はまだ若いのだからといって、手控えてはくれません。手加減なしに矢継ぎ早に襲ってきます。

彼の肉体的な苦痛に、他の種類の苦悩が加わってきた。ヴェーゲラーは、激しい恋の情熱にとらわれていないベートーヴェンはついぞ見たことがないと言っている。これらの恋愛は常に非常に純潔なものだったようである。元来、情熱と快楽との間にはなんのかかわりあいもないのである。今日人々がこの両者を混同させているのは、要するに、大部分の人が情熱について無知であること、そして真の情熱は稀であることを証明しているものだ。ベートーヴェンは魂の中に清教徒的な何かしらを持っていた。卑猥《ひわい》な会話や思考は彼をぞっとさせた。彼は恋愛の神聖さについては断乎たる考えを持っていた。モーツァルトが『ドン・ファン』を書いて自分の天才を濫用したことを、彼は許さなかったと言われている。彼の親友だったシントラーは次のように断言している。《彼は処女のような羞恥心《しゅうちしん》をもってその生涯を過ごして、何一つ自己をとがめるような過誤をおかしたことはなかった》。ところが、こうした人間は、欺かれるように、恋愛の犠牲となるようにできているのである。彼がまさしくそうだった。絶えず狂熱的に恋に熱中し、絶えず幸福を夢み、そしてはすぐに裏切られ、そのあとには苦い苦痛が来た。彼の激しい性質がメランコリックな諦めのなかで鎮まる年齢に達するまでは、こうした恋愛と傲慢な反抗との交互作用の中にこそ、ベートーヴェンの霊感の最も豊富な泉を見いださねばならない。

一八〇一年には、彼の情熱の対象は、ジュリエッタ・ギッチァルディーだったらしい。彼は、『月光の曲』と呼ばれている作品第二十七番のあの有名な奏鳴曲（一八〇一年）を捧げて、この女性を不滅にした。彼はヴェーゲラーに次のように書き送った。《ぼくの生活はこれまでよりも優しみのあるものとなった。ぼくはいっそう人々と交わるようになった……この変化は、一人のなつかしい少女の魅力のおかげだ。彼女はぼくを愛している。そしてぼくも彼女を愛している。これは、二年この方ぼくが持ち得たはじめての幸福な瞬間だ》。彼はこの幸福な瞬間に対して苛酷な代償を支払った。第一に、この恋は彼に、彼の持病の惨めさと愛する女性との結婚を不可能にする彼の不安定な生活条件とを、いっそう痛感させた。次に、ジュリエッタは浮気で、子供っぽくて、利己的だった。彼女はベートーヴェンを苦しめて、一八〇三年十一月、ガルレンベルク伯爵と結婚した。――こうした情熱は魂を荒廃させる。そして、ベートーヴェンの場合のように、魂がすでに病気のために弱っている時には、こうした情熱は魂を壊滅させてしまう危険がある。これは、彼の生涯での、彼がまさに破滅しかけているように見えた、ただ一度の瞬間だった。

耳疾とともに、彼を全生涯にわたって悩ませた、「恋の病」の始まりです。最初の恋の炎は一八〇一年に燃え上がり、二年間燃え続け、一八〇三年の恋情の対象グッチャルディーの他人との結婚によって、やっと鎮火しました。しかし、彼の失恋の常として、鎮火しただけでは収まりませんでした。つづいて、深い失意と絶望が襲来しました。肉体的疾患「耳疾」に続いて襲った、初めての精神的痛手「失恋」の経験だっただけに、傷はさぞや深かったろうと思われます。ロランも言うとおり、彼の魂はまさに破滅に瀕していたと思われます。これほどの危機は生涯これっきりか、あって後一回、甥カールの後見をめぐる係争時と合わせ二回きりでしょう。しかし、さすが意志強き人ベートーヴェンです。この危機をみごと克服します。また先を読みましょう。

彼は絶望的な危機を通りすぎた。一通の手紙がわれわれにそれを知らせている。すなわち、それが、二人の弟カルルとヨーハンとに宛てた『ハイリゲンシュタットの遺書』である。この手紙には《私の死後読んで、そのとおり実行すること》という注意書が付いていた。この遺書は、反抗と胸を裂くような苦痛との叫びである。人々は憐憫《れんびん》に胸をつらぬかれることなしには、この叫びを聞くことはできない。彼はまさに自分の生命に終止符をうちかけていた。ただ彼の不撓不屈《ふとうふくつ》の道徳感だけが彼を引きとめた。病気回復の最後の希望も消えていた。《私を支えていたあの大きな勇気も消え失せてしまった。おお、神よ、本当の喜びの一日を、たったの一日でも結構ですから、もう一度私に見せてください！　もう久しいこと、本当の喜びのあの深い響が私には聞えないのです！　おお、神よ、いつ、おお、いつ、私はあの本当の喜びに再び出会えるのでしょう？……その日は永遠に来ないのですか？――いや、それはあまりにも残酷です！》

これは断末魔の呻《うめ》きである。ところが、ベートーヴェンはその後なお二十五年間生きながらえた。《ぼくの体力は、知力とともに、これまでになく強まって行く……ぼくの青春は、そうだ、ぼくはそれを感じているのだが、今はじまったばかりだ。一日一日は、ぼくを目標の方へ近づける。それが何だと定義づけることはできないが、とにかく仄《ほの》かに見えている目標の方へ……おお！　ぼくがこの病気から解放されさえしたら、全世界を抱きしめるのだが！……少しの休息もない！　睡眠以外の休息はないのだ。そして、この睡眠に以前よりも多くの時間を与えねばならないほどぼくは不幸だ。せめて、この病気から半分でも解放されたい。そうしたら！……いや、こんな病気に我慢できるものか。運命の喉元《のどもと》を締めつけてやりたい。奴《やつ》はぼくを完全にうちのめすことはできないぞ……おお、人生を千倍も生きることができたら、どんなにいいだろう！》

この愛情、この苦痛、この意志、失意と自尊心とのこの交互作用、これらの内心の悲劇などが、一八〇二年に書かれたいくつかの大きな作品の中に現われている。例えば、『葬送曲の付いたソナタ』（作品第二十六番）、『幻想風のソナタ』と『月光』（作品第二十七番）、悲嘆にくれた雄弁な独白のような劇的な叙唱調の付いている『第二ソナタ』（作品第三十一番）、アレクサンダー皇帝に捧げられた『ハ短調のヴァイオリンのためのソナタ』（作品第三十番）、『クロイツァー・ソナタ』（作品第四十七番）、ゲルラートの詩につけた雄々しくて悲痛な六つの宗教曲（作品第四十八番）などがそれである。ところで、一八〇三年に作られた『第二交響曲』は、彼の若々しい恋心をいっそう反映している。そしてそこには、彼の意志が断乎勝を占めていることが感じられる。抵抗しがたい力が悲しい思いを一掃している。生命の奔騰《ほんとう》が終曲《フィナーレ》を持ち上げている。ベートーヴェンは幸福でありたいとねがっている。彼は自分の病気が不治であると信じたくない。彼はそれが治ることを望んでいる。彼は愛を望んでいる。彼は希望にあふれている。

というような経緯で、かの有名な「ハイリゲンシュタットの遺書」（遺書とは言え、これは普通の意味では決意表明書を意味する）を力強く書いて、最初にして最大の危機を脱します。今回に限らず、「異性への情熱＝恋」は生涯にわたって、それが言い過ぎなら、少なくとも四〇歳過ぎまでは次から次へと、時にはダブって訪れますが、それらが皮肉にも彼に音楽上の霊感を与えたのですから、われわれクラシック音楽ファンとしてはそれを忌み嫌うわけにもいきません。

ここでまた、それらに痕跡が残っているとロランの言う、三つ四つの曲を聴くことにしましょう。ピアノ・ソナタ第十四番「月光」、第十七番「テンペスト」、交響曲第二番、そして最後に遺書の精神を最も色濃く宿している感のある、交響曲第三番「英雄」です。演奏者は先ほどと全く同じ顔ぶれ、つまりケンプとベームです。

いかがでしたか？　たしかにそれぞれがそれぞれの背景を実によく反映していたと思います。それではまた、先に進みましょう。例の遺書を書いて、宿痾《しゅくあ》の耳疾とも決然と対峙《たいじ》して行く覚悟を決めてからほどなく、後半生の精神的支柱ともなった「不滅の恋人」の候補とも言われるブルンズヴィック姉妹との恋が、焦土の上を吹きぬける一陣の涼風のように訪れます。次にロランの書のそのあたりのくだりを読むことにしましょう。

＊　＊　＊　＊　＊

ベートーヴェンは突然『第五交響曲』の作曲を途中でやめた。それは、いつものように下書きをしないで、一気に『第四交響曲』を書くためだった。幸福が彼の前に現われていた。一八〇六年五月、彼はテレーゼ・フォン・ブルンスヴィックと婚約した。彼女はずっと前から彼を愛していた。——それは、ベートーヴェンがヴィーンにやって来た最初の頃、彼からピアノの稽古を受けていた少女の時代からだった。ベートーヴェンは、彼女の兄、フランツ伯の友人だった。一八〇六年に、ベートーヴェンは、ハンガリアのマールトンヴァーザールで、ブルンスヴィック家の客となったが、ここで二人は互いに愛するようになった。幸福だったこの頃の思い出は、テレーゼ・フォン・ブルンスヴィックの書いた二、三、の話の中に残っている。彼女はこう書いている。《ある日曜日の夕方、食後、月の光を浴びてベートーヴェンはピアノに向かって坐った。まず彼は、手を平らに鍵盤の上をさまよわせた。フランツと私はこの癖《くせ》をよく知っていた。弾《ひ》きはじめる時にはいつもこうなのだった。それから彼は、低音のいくつかの和音を叩いた。そしてゆっくり、神秘的な荘重さでセバスチャン・バッハの一つの歌を弾いた。『おんみの心をわれに与えたもうならば、まず、ひそかに与えたまえ。二人の同じ思いを、何人《なんぴと》にもさとられぬよう』……私の母と司祭はまどろんでいた。兄は深刻な顔つきで前方をじっと見ていた。そして私は、彼の歌と眼差《まなざし》とに深く感動して、生命が豊かに満ちあふれてくるのを感じた。――翌朝、私たちは庭で出会った。その時ベートーヴェンは言った。『私は今オペラを書いています。主役の姿が、私の心の中に、私の前に、私が行くいたる所に、私が立ちどまるいたる所にいます。私は今までにこれほど心が高められたことはありません。一切が光であり、清純さであり、明るさです。これまでの私は、小石ばかり拾い集めていて、自分の歩いている道に咲いている美しい花に気づかない、あのお伽話の子供のようなものでした……』。私は愛する兄フランツの同意だけで、ベートーヴェンと婚約したのは、一八〇六年五月のことでした》

この年に書かれた『第四交響曲』は、彼の生涯の最も静かなこれらの日々の香りを失わず持っている清らかな花である。人々がそこに《ベートーヴェンが自分の才能と、先人たちから譲られた諸形式の中で一般に知られ愛されているものとをできる限り和解させたいと思った当時の彼の関心》を見てとったのは正しい。恋愛から生まれたこうした和解的な精神は、彼の動作や生活態度にも影響を及ぼした。イグナッツ・フォン・ザイフリートとグリルパルツァーの言うところによれば、彼は元気いっぱいで、溌剌《はつらつ》とし、陽気で、才気を発揮し、人々の中では慇懃《いんぎん》で、うるさい連中にも辛抱強く応待し、なかなか凝《こ》った服装をしていた。そして人々が彼の耳の病気に気がつかないほどに、彼らに錯覚を起させていた。彼らは、視力が弱くなったことを除けば彼は健康である、と言っていた。その当時メーラーの描いた、ロマンチックな優美さのある、やや気取った肖像画も、そうした感じをわれわれに与える。ベートーヴェンは人に好かれたいと欲していた。また人に好かれることを知っていた。ライオンが恋をしているのである。ライオンは爪を隠している。しかし、こうした彼の戯れの下にも、『第四交響曲』の幻想と感情そのものの下にも恐ろしい力が、むら気な気分が、怒りっぽい気性が感じられる。

この深い平和は長続きすることはできなかった。それでも、恋愛の有効な影響は一八一〇年まで続いた。あの頃彼の天才から最も完全な果実をみのらせたあの自己統制は、たしかにこの恋愛のおかげだった。例えば、あの古典的悲劇とも言える『第五交響曲』や、夏の一日のすばらしい夢である『田園交響曲』(一八〇八年)はそこから生まれたものだった。……シェイクスピアの『嵐《テンペスト》』に霊感を得て作り、彼自ら自分のソナタ中の最も力強いものと見なしていた『情熱奏鳴曲』は、一八〇七年に公けにされて、テレーゼの兄に捧げられた。テレーゼ自身には、夢想的で風変りなソナタ、作品第七十八番(一八〇九年)を捧げた。《不滅の恋人に》宛てられた日付のない手紙は、『情熱奏鳴曲』に劣らず、彼の愛情のはげしさを示している。

ベートーヴェンの生涯中で最も陽の当たる、和《なご》やかな時期だったと思われる頃の、ロランの素晴らしい描写を前にして、これ以上、何のコメントを要しましょう。とりわけ、ベートーヴェンが平生みせていたという、ピアノを弾き始める前のちょっとした癖についてのテレーゼの言など、今年度の春季セッションで読んだ、マグダレーナのバッハの思い出の記述同様、間近にいる、愛する人でなければ成し得ない表現と感じ入りました。それでは、これからさっそく、幸せ感と自信に満ち満ちたベートーヴェン中期の傑作群（ロランはこれらを「傑作の森」と呼称した）の数曲……交響曲第四、五、六番、ピアノ協奏曲第四番、ヴァイオリン協奏曲、ピアノ・ソナタ第二三、二四番……をさわりだけでも聴いてみましょう。使用盤は、交響曲がベーム盤、ピアノがアラウ盤、ヴァイオリンがオイストラフ盤です。

＊＊＊＊＊

いかがでしたか？　絶頂期のベートーヴェンを眼前に見る思いがしませんでしたか？　ロランの言うとおり、剛柔相半ばする素晴らしい曲の、惚《ほ》れ惚《ぼ》れする演奏ばかりでしたね。それでは続いて、先に読みましたパラグラフの最後の二行に記述されていました「不滅の恋人」に宛てられた、しかし、ついに投函されることのなかった、手紙のくだりを読みましょう。

《私の天使よ、私のすべてである人、私自身である人よ……私の心は、あなたに言わねばならぬあまりにも多くのことでふくれあがっています。……ああ！　私がどこにいようと、あなたもまた私といっしょにいます……恐らく日曜日までは、私からの最初の便りをあなたがお受け取りになるまいと考えると、私は泣けてきます。——私はあなたを愛しています。あなたが私を愛しているように。いや、もっともっと強く……ああ！——なんという生活でしょう！　あなたのない生活は！——こんなに近いのに、こんなに遠く感じます。——…私の思いはあなたの方に飛んで行きます、私の不滅の恋人よ、私の思いは時として陽気ですがやがて悲しくなり、運命に問いかけ、私たちの願いをききとどけてくださるかどうかを尋ねるのです。——私は、あなたとともに生きるか、それができねば生きないか、どちらかです……決して、あなた以外の女性が私の心を占めることはありません。絶対に！　それこそ絶対にありません！——おお！　たがいに愛しながら、どうして離れていなければならないのでしょう？　しかも私の生活は、今もそうですが、悲しみの生活です。あなたの愛は、私を、人間の中の最も幸福なものにしたと同時に、最も不幸なものにもしました。——…安心してください。安心してください——私を愛してください！——今日も——昨日も——どんなに熱っぽくあなたを憧れたことか！　あなたに向かって——そうだ、あなたに——あなたに向かって、どんなに涙を流したことか！——私の命よ——私のすべてである人よ！——さようなら！——おお！　いつまでも私を愛してください。——この心は永遠にあなたのものです——永遠にわたしのものです——永遠に私たちのものです》

どんな神秘な原因が、この愛し合っている二人の幸福を妨げたのであろうか？——恐らく、ベートーヴェンに財産のないこと、二人の身分の違うことがそれかも分らない。あるいはまた、ベートーヴェンがいつまでも待たされていることにいきりたち、愛を秘密にしておかねばならぬ屈辱に反抗したためかも分らない。

あるいはまた、がむしゃらで、病身で、厭人的な彼が、心にもなく、愛する彼女をくるしめて、自分も絶望してしまったのかも分らない。――とにかく婚約は破れた。しかし二人とも、決して自分の愛情を忘れることができなかったようである。テレーゼ・フォン・ブルンスヴィックは、その生涯の最後の日まで（彼女は一八六一年まで生きていた）ベートーヴェンを愛していた。

そしてベートーヴェンも一八一六年に言っている。《彼女のことを考えると、ぼくの心臓は、彼女にはじめて会った日のように強くうつ》。この年に、『遥かな恋人に』捧げる六つの歌謡曲（作品第九十八番）が作られたが、これらは実に感動的な、また実に奥深い性格を持ったものである。彼はノートに次のように書いている。《このすばらしい自然を見て、私の心はあふれる。しかし彼女は、私のそばにはいない！》――テレーゼはベートーヴェンに自分の肖像を与えたが、その献辞にはこう書いてあった。《世にも稀な天才に、偉大な芸術家に、善良な方に。T・B・》彼の晩年に、一人の友人が訪ねてくると、彼は部屋にただ一人いて、テレーゼの肖像に接吻しながら泣いていた。そして、いつものような大きな声で《あんたはほんとに美しくて、立派で、まるで天使のようだったね！》と言っていた。友人はそっと立ち去って、少したってから来てみると、彼はピアノの前に坐っていた。そこで友人は彼に言った。《やあ、きみ、今日は君の顔から悪魔が退散してるじゃないか》。すると、ベートーヴェンは答えた。《ぼくのやさしい天使が訪ねてくれたのでね》――心の傷は深かった。彼は自分自身に向かって言った。《可哀そうなベートーヴェンよ。この世にはおまえのための幸福は全然ないのだ。ただ理想の世界だけで、おまえは友だちを見いだすことができるだろう》

彼はノートに次のように書いている。《服従すること、おまえの運命にどこまでも服従すること。

おまえはもはや自分のために存在するということはできないのだ。単に他人のためにしか存在できないのだ。おまえにとっては、おまえの芸術の中にしかもはや幸福はないのだ。おお、神さま、自分に打ち勝つ力を私にお与えください！》

ブルンズヴィック姉妹の姉テレーゼとの婚約が肯《がえ》んぜなくも破棄に至り、本書には出てきませんが、この期間、寡婦《かふ》となった妹ヨゼフィーネにも、残された手紙類から推察すると、友情以上のものを抱いていたことは間違いありませんが、彼女が再度、他人に嫁《か》した一八一〇年を期して、さしも恋多き熱情の人ベートーヴェンも、四十路《よそじ》に入ったこともあり、現実の恋はパッタリ止みます。以後、恋の対象は「不滅の恋人」（確証はありませんが、ほぼほぼ姉テレーゼと考えてよいでしょう）を対象とする、精神的な恋に限られます。そして、少し時代が下った一八一五年には実弟カールが亡くなり、甥カールの後見を頼まれたこともあり、現実世界ではこれ以後一八二七年に亡くなるまで、甥カールのことが彼の最大関心事となります。そして、音楽世界ではこれを機に（一八一五年以降）彼の音楽上の霊感の源は「異性への情熱＝恋愛」から、「苦悩を克服しての歓喜」つまり「人類普遍の幸福の獲得＝人間愛」に変わったと私は考えます。

ベートーヴェンのこの期（晩年）の作品は、バッハやモーツァルトの晩年の作品同様、いや、聴覚をほとんど失った時期の作品だけに最難解かもしれませんので、これ以上触れませんし、レコードもおかけしませんが、正真正銘、精神的には最深奥《さいしんおう》の作品かもしれません。本書では、この後さらに、最晩年の生活の様子や作品についての記述もあるのですが、バッハ、モーツァルトの場合同様、ビギナーの皆さん方にはまだ早過ぎると判断し割愛しました。悪しからず。しかし、いずれ、遠からず紹介しますから、そう残念がられる必要はありませんよ。

最後に、ベートーヴェンの全生涯を俯瞰的《ふかんてき》に振り返って、粗略《そりゃく》の誹《そし》りを恐れずひと言でまとめるなら、中期までは「音楽的伸長」が著しく、後期とりわけ晩年は「人間的伸長」が顕著だったように私には思われます。そして、私たちが最重要視する「人間的伸長」についてのみ凝視するなら、そして三楽聖すべて学んだ後ゆえ、三楽聖を並べて比較するなら、音楽同様、早熟型で上方に膨らんだカーブを描いて伸長したモーツァルト、いわば漸進型でリニアな伸長を遂げたバッハに対し、ベートーヴェンは、ちょうどモーツァルトの逆で、晩成型で下方に膨らんだ曲線を描いて伸長したように思えます。そして、その到達点は、年齢の差はあれ、いずれ劣らぬ至高の境地であり、私たち並みの人間にはいくつになっても到達できるかどうかもわからないほどの高さです。その世界は広く、深く、多様かつ豊穣で、汲《く》めど尽きぬ泉のような感を受けます。今までに学んだ三楽聖の作品だけでも、私たちの全生涯をかけても、果たして咀嚼《そしゃく》できるかどうか危ぶまれるほどです。私たちは誰しも「ドイツ・クラシック音楽」という「宝物」を目の前にしています。しかし、見ているだけでは何にもなりません。自分のもの、つまり自分の血とし、肉とし、魂としなければ、何の役にも立ちません。自分のものにできるかどうかは、皆さん方自身の努力いかんに掛かっています。いま私が大学で学んでいますキリスト教神学においても、多くの神学者や先達が「歴史」（それには全体としてのキリスト教史と個々人としての偉人の生涯と業績が含まれます）に学ぶことの重要性と必要性を強く訴えておられますが、クラシック音楽とて全く同じことで、「歴史」を学ばなければ、とりわけ当会のように音楽を自分の精神的成長に役立てようとするなら、当会のような学び方が必須条件です。「歴史」をなおざりにして（実演にしろ、レコードにしろ）ただ曲を聴いているだけでは、その効果のほどはたかが知れています。滅びに至る道は広く、天国に至る道は狭いのです。安易な道は選ばず、あえて険しい道を選んで、「マスター」という栄冠を手にしてください。指導者としての私の願いはただそれだけです。ご成功を祈っています。

脱線ついでにもうひと言、関連事を付言させていただきます。同じ人が同じ景色を見ても、その人の、その時の気持ちしだいで、その景色は明るくも暗くもなるように、同じ音楽を聴いても、その人の、その時の気持ちしだいで、その音楽は明るくも暗くもなります。同様に、同じ景色を見ても、そこで生起した歴史に通暁している人が見れば、熱い感慨や大いなる感動をもって見ることができるように、同じ音楽を聴いても、作曲家がその曲にどんな心情をこめて作ったかを熟知している人が聴けば、高い理解・共鳴度をもって聴くことができるのです。景色は誰にも等しく美しく見え、楽の音は誰にも等しく妙なる調べに聞こえるわけではありません。なるがゆえに、当塾は音楽そのものについても歴史（作曲家の人生）を必ずからめて紹介し、同時に一見なんの関わりもないような隣接芸術たる映画や文学なども併せ学んでもらっているのです。そのことも十分に認識していただいて、これからしばらくの間の「独学」にお励みください。今年度、最後の比較例会（本例会）が後一回残っていますが、講義スタイルの例会の最後に当たり、またまた少々堅苦しいことを申しました。意のあるところをお汲み取りください。それでは、本日はこれにてお開きとしましょう。お疲れさまでした。

（完）

●一二月度・本例会●

ベートーヴェンへの誘い（四）

――演奏比較鑑賞――

【例会案内】

‘03 年 12 月度 本例会

“ベートーヴェンへの誘い（4）”

～演奏比較特集～

ゆふいん熟塾

今年も早くも押し詰まって参りました。サブ例会、本例会を含め、今回が今年度の最後の例会です。シリーズ四回目の今回は恒例の“演奏比較”です。

さて、曲目はいつものとおり作曲者の本質的作品であり、人気もあり、かつ分かりやすいものをという趣旨で選んだものです。今回の対象（ヴィデオ）は予告しましたように、指揮者もバックの伴奏オーケストラも異なりますが、独奏者だけは同じというものです。映像付きで、こういう組み合わせの場合、ビギナー・レベルでは人数的にも多く、したがって音量的にも大きいバックの差異に耳がいき、人数的にも少なく音量的にも小さい独奏者の方にはなかなか耳が向きにくいものです。それだけに、これまでにもまして容易ではないかと想像しますが、これも勉強です。頑張ってみてください。

記

1．日時・場所

‘03/12/20（土） 14:00 ～ 17:00 於カリタス・アカデミー

2．例会内容

第一部：演奏比較鑑賞

～ヴァイオリン協奏曲（作品 61）～

独奏者：ヘンリック・シェリング

（1）H. ゼンダー指揮 / ザール放送響

（2）L. フォスター指揮 /N 響

（3）G. メスター指揮 / ラジオ・カナダ

第二部：懇談（with coffee and cakes）

〈追記〉指揮者も、オーケストラも、独奏者もすべて異なる、真の意味での同曲異演奏比較は今年は遂に実現しませんでしたが、それは今後のお楽しみに！

【例会記録】

H. シェリングの「バイオリン協奏曲」2LP

皆さん、こんにちは！　本日は本例会、サブ例会を合わせ、今年最後の例会日です。今年度は初年度・二年度に比べれば、いずれの例会におきましても、少しずつ難易度を上げて参りましたので、ビギナーの皆さんにとりましては、少々きつく、大変だったろうと想像します。レベル的には、まだまだですが、それなりによく頑張っていただいたと思っています。ご苦労さまでした。

さて、本日の例会は「ベートーヴェンへの誘い」の四回目で、皆さんもうおなじみの「聴き比べ」特集です。のっけからで恐縮ですが、ここで得意の脱線をちょっとさせていただきます。本会関係で私の望外の喜びは、信念のように今年から新しくカリキュラムに加えました、この「聴き比べ」特集を、全く私の予想に反して、皆さん方がどうも各例会中最も楽しみにしておられるらしいことです。最初はずいぶん迷いましたが、「案ずるより、産むが易し」と申しますが、思い切ってやってみるものだなと思っています。それでは、このへんで脱線から元に戻ることにしまして、本日の出しものはベートーヴェンの本質的作品でもあり、人気曲の一つでもある、「ヴァイオリン協奏曲」としました。すでに生涯の講義の中でご紹介しましたように、耳疾や失恋、訴訟ざたなど不幸や苦難続きだった彼の生涯にも、荒天の日々にもひとときの晴れ間があるように、数年、平穏で安寧な日々が続いた時期がありました。この曲はそのような時期、一八〇〇年代の半ばでロランが「傑作の森」と形容した頃の名作の一つです。

ついでは「聴き比べ」の対象盤ですが、ご案内ですでにお知らせしておりますとおり、今回はすべてヴィデオで映像付きです。独奏者はすべてH・シェリングで、一つが八二年収録のザール放送響との共演、もう一つが八四年収録の我らがN響との共演、いま一つが八七年収録のカナダの交響楽団との共演です。

それではこれから、「聴き比べ」に入りますが、その前に、曲解説と独奏者のプロフィルを、いつものように私が持っておりますレコードのジャケットの中からビギナーの皆さん方に最もお役に立ちそうなものをえりすぐり、かつまた適当に抜粋または編集して、お読みします。読者の皆様には、次頁並びに次々頁の資料をご参照ください。

ベートーヴェン「ヴァイオリン協奏曲」の解説

　ベートーヴェンは、ヴァイオリン協奏曲をこの一曲しか完成していない。作曲したのは1806年末、彼36歳の時である。講義の中で既に触れたように、当時は彼の生涯中、けっして多くは訪れなかった幸福な時期でもあり、同じころの交響曲第四番やピアノ協奏曲第四番とともに、この曲もそういった状況を反映しているようである。

第一楽章：アレグロ・マ・ノン・トロッポ　ニ長調　協奏的ソナタ形式をとる。
つまり、管弦楽だけによる提示部と独奏ヴァイオリンを加えた独奏提示部とを持つ。堂々としたスケールの大きな楽章であり、最初から現われるティンパニのリズムはこの楽章の根幹をなす。
第二楽章：ラルゲット　ト長調　自由な変奏曲形式、あるいは変奏曲の手法を取り入れた自由な三部形式。平和な感情が全体を支配する楽章となっている。その主題は弱音器をつけた弦の合奏で示される。中間部では独奏ヴァイオリンが甘い旋律を繰り広げて行く。弦のピッチカートも効果的である。第三部で主題が再現することになるが、完全にはその姿をみせず、変形されてすぐに独奏ヴァイオリンの短いカデンツァに導く。そして、休みなく次の楽章へと続く。
第三楽章：アレグロ　ニ長調　ロンド形式（A・B・A・C・A）をとる。冒頭のA部分では、独奏ヴァイオリンが奏し出す力強くリズミカルな主要主題で始まり、管弦楽と独奏ヴァイオリンの応答の形で進んで行く。B部分の第一エピソード（挿句）では第一副主題が独奏ヴァイオリンで明るく優美に奏し出される。主要主題の再現に続く第二エピソード（C部分）の第二副主題は感傷的である。何か当時のベートーヴェンの心情をのぞかせているようでもある。その後、主要主題、第一副主題がまた姿をみせ、カデンツァの後に主要主題と結尾で曲は締めくくられる。

（日本フォノグラム盤ジャケットによる）

ヘンリック・シェリングのプロフィール

彼は1918年ポーランドの首都ワルシャワに生まれたが、国籍はメキシコに持っていた。5歳でピアノを始めたが、間もなくヴァイオリンに専念するようになった。上達ぶりはめざましく、7歳でメンデルスゾーンのヴァイオリン協奏曲を演奏し、これを聞いたブラニスラフ・フーベルマンは両親を説得して少年の彼をベルリンの名教授カール・フレッシュに師事させたのであった。

「私は13歳までフレッシュ教授のもとで学びました。私の知っているヴァイオリンのテクニックは、すべてフレッシュ先生から教わったものです。その後パリに行き、ジョルジュ・エネスコとジャック・ティボーのふたりから多くのものを学びました。ただし、彼らには師事したのではありません。ただ、友人としてつき合っていただいただけです。」とシェリングは語っている。

シェリングは13歳でワルシャワ、ブカレスト、ウィーン、パリなどにデビューした。パリで初めて演奏したのは、1934年ナディア・ブーランジェ女史のもとで作曲を学ぶため、パリに遊学するより前のことである。第二次大戦中はポーランドの亡命政府のため、通訳として活躍するとともに、連合軍の軍隊や病院で、300回以上も演奏会を開いた。戦争末期には、メキシコ・シティの国立大学で教職についた。その後もしばらくは一年のうち二ヵ月はここで教えていた。

1954年、彼はメキシコを訪れた同国人で大ピアニストのアルトゥール・ルービンシテインと会った。ルービンシテインはシェリングに、演奏活動に戻るように勧めたのであった。以後彼は、最も優れたヴィルトゥーゾのひとりとなり、世界各地へ演奏旅行を行なうようになった。

シェリングの演奏上の特徴は、大曲では強く引き締まった表現で、深く内面性をえぐるところが素晴らしく、小曲においてもしっかりした造形性のもとに、垢抜けした爽やかな音楽によって魅了する。音色の美しさや外面的な効果よりも、曲の解釈と表現の真摯さで聴くものの心を惹き付ける、今日数少ないヴァイオリニストである。

（日本フォノグラム盤ジャケットによる）

それでは、最初のヴィデオをおかけしましょう。もっとも、今日の曲は全曲で比較しますとかなりの長時間を要しますので、第一楽章のみで比較していただきます。それでも、二十数分は要しますが……。その代わり、試聴後、皆さんの票が一番多かったヴィデオを後で全曲とおして聴くことにしましょう。それでは、いよいよこれからおかけしますが、録音の古い順にかけて行きます。聴き終りましたら、いつものように、二、三人の方にご感想やご意見を伺いますので、しっかり聴いてください。

…………《レコード比較鑑賞》…………

いかがでしたか? それではさっそくですが、引き続いて皆さんのご感想、ご意見を伺って参りましょう。Iさん（男性）、最初のヴィデオについてお聞かせください。

Iさん・はい。いやあ、いまだかつてこの曲のこんな厳しい、それだけにこんなに格調高い演奏は聴いたことがありませんでした。いかに何でも少々厳し過ぎるのではないか、この曲ならもう少し甘さがあってもよいのではないかと思われるほどに感じました。それにしても、こんな演奏もあるのですね。貴重な経験をさせていただきました。

私・はい、ありがとうございました。ことのほか感動されたようですね。これを選び、お聴かせした者としましては、そのように理解していただけて、大変嬉しく思います。それでは、Jさん（女性）、二番目のヴィデオについて、お聞かせください。

Jさん・はい。最初のヴィデオの演奏は、Iさん、先生がおっしゃったとおり、わたくしも大変厳しい、格調高い演奏だなあとは感じましたが、女性のわたくしにはちょっと厳し過ぎるように思いました。そういう意味で、わたくしには、三番目も含め、これ（二番目）が一番好ましく感じられました。

私・はい、ありがとうございました。皆さん、ビギナーにしては、今年一年の勉強の成果か、各演奏の特徴をなかなかよくつかまれていると思いますよ。おおせのとおり、シェリングさんのいつに変わらぬ厳しい音楽の中にも、ほどよい「甘さ」がブレンドされ、絶妙のバランスの演奏になっていましたね。それでは最後に、Kさん（女性）、三番目のヴィデオについて、お聞かせください。

Kさん・はい。わたくしはこの曲が好きなものでよく聞いていますが、わたくしにはこの三番目の演奏が一番好ましく感じられました。一番目も、二番目も良い演奏とは思うのですが、どこか違和感を感じます。それが、おそらく、Iさん、先生がおっしゃっている「厳しい」一面なのでしょうね。

私・はい、ありがとうございました。「聴き比べ」もわずか一年とは言え、さきほども申しましたように、過去二回の成果が出ているのか、ご感想やご意見をお聞かせいただいたお三方ともなかなかいい線いっておられたと思います。

それではこれで、第一楽章の各演奏についての皆さん方のご感想ご意見はお聞かせいただいたということにして、ここらへんで私なりの「総括」をさせていただきましょう。

［総括］

三つの演奏の個別評に入る前に、共通の独奏者であるH・シェリングさんの人となりについて、私なりに概説させていただきましょう。先の紹介にもありますように、彼シェリングさんは「音色の美しさや外面的な効果よりも、曲の解釈と表現の真摯さで聴く者の心を惹きつけるヴァイオリニスト」というところに特徴があり、彼の晩年の演奏においては、ひとりベートーヴェンに限らず、バッハ、モーツァルト、ブラームスのいずれにおいても、ヴァイオリンの官能性を圧殺したヴァイオリニストとしてつとに有名なJ・シゲティにも比肩すべき厳しい精神性と強固な意志性をたたえながら、その一方で、F・クライスラー張りの溢れんばかりの暖かい人間感情をたたえ、ひとつヴァイオリン界だけでなく広くクラシック音楽界全体の中でも、一人の音楽家として至高の境地に達し得た、稀有の魂を持った人であったと私は思っています。十八番のバッハのものは言わずもがな、若年の時の作しかなく内容的にもさほど濃くも高くもないモーツァルトのものにおいてさえ、これらがこんなに内容豊かだったかといぶかられるほど内容の濃い、格調の高い録音がオランダのフィリップス社に残されています。古今のあらゆるヴァイオリニストの中で、どの曲においても、またどういう見方をしようとも、最高の人であったとまでは言い切りませんが、「精神性」「意志性」「人間性」の三点においてなら、また上記四人のものに関する限り、至高の存在であったと私は確信しています。それら三点は、わずか三点とは言え、いずれも人間の機能としては最高位にランクされるものと思います。少々脱線気味になりましたが、脱線ついでに次にもう一つ脱線させていただきます。

実は私はベートーヴェンのこの曲の優劣判定に際しましては、第一楽章・第二主題のヴァイオリン独奏を最初のチェック・ポイントにして、最重点箇所ととらえております。その理由は、ここ（そこ）この曲の最も本質的なところと思っているからです。

ちなみに、シェリングさんが何回目かの来日の際、NHKとのインタビューの中で、まさにここの箇所をこの曲の演奏上の最大のポイントとしてあげておられるのを聞いて、快哉を叫んだものです。
もっとも、こういうことは、いくら口で詳しく説明しても分かりにくいものですから、皆さんにはこれからそれぞれのヴィデオの該当部分の録音をオーディオ・カセット・テープでお聞かせします。短時間ですから、注意深く聴いてみてください。

…………《テープ試聴》…………

はい、いかがでしたでしょうか？　最初のものが最も厳しく、二番目のものが「苦楽」最もバランスがとれ、過去の苦しかった時代をもしみじみと懐かしく回想するかのように、しかも幸せ感という人間感情をいっぱいたたえて弾かれていたように思いますし、三番目のものは最初のものとちょうど正反対でロマンティックにして甘い方にかたよっていたように思うのですが……。ご納得いただけましたでしょうか？（大半の方々がうなずく。しかし、皆さん方のご意見として、こうして該当部分だけを抜き出して、比較させていただければ、よく分かるけれども、全体の流れの中では、相当慣れないととてもではないが気が付くまいとのことでしたので、現段階ではもちろんそれでけっこうですよと答えおいた）。

なお、さきほどもお断りしましたように、私ももちろんこの部分だけの優劣で、全体の優劣を決めているわけではありません。第二・第三楽章それぞれにチェック・ポイントを用意しておりますが、ここでは、蛇足と思われますので割愛します。そして私の知る限り、この部分を（後の二箇所のチェック・ポイントを含めても）かくも「知・情・意」バランス良く、もっと噛み砕いて言えば、かくもこまやかにして豊かな「人間感情」をたたえながら、「精神性・意志性」も負けず劣らず張って演奏した人は、彼シェリングとクライスラー（旧盤）を除いてお目に、いやお耳に掛かったことがありません。

それでは、前置きが大変長くなりましたが、第一楽章の各演奏の個別評に移りましょう。

最初のヴィデオの演奏は彼の最も厳しいスタイルを代表するものと思います。第一主題の演奏中では取り立ててコメントすることもありませんが、第二主題に入るや様相一変。彼のヴァイオリンの音の特徴である哀愁を帯びた、細いが、芯のある音で紡がれる彼の演奏に孤高の精神性と強靭な意志性がみなぎります。ここらへんまでの演奏には非のうちどころがありません。そしてほどなく、ベートーヴェン十八番の「苦悩を超克しての歓喜＝幸せ感」が控え目にしみじみと漂います。しかし、みなぎるまでには至りません。ここんところが、私はこの曲がさきほども触れましたように、苦難と不幸続きだったベートーヴェンの生涯中では稀にみるほど、安寧と平穏な時期に書かれたものだけに、ただ一点食い足らない点です。

バックとの兼合いもあるのでしょう。第二主題の始まりの部分と並んで特筆ものなのは、カデンツアから復帰してコーダに至るまでの間の感情表現のみごとさです。過去の苦い思い出をまさぐるように最弱音で入り、しばし回想にふけった後、コーダで幸せ感を爆発させる様はただただみごとというほかありません。やや厳しい方に寄ってはいますが、これはこれで立派な演奏と思います。

二番目のヴィデオの演奏は彼の「硬軟」併せ持つ、バランス志向の演奏スタイルの典型と思われます。ただ、才色兼備で硬軟併せ持つのはよいのですが、ややバックに厳しさに欠ける嫌いがあるのが残念です。一番目と二番目の比較は一長一短で優劣決しがたい感がありますが、いずれかというと二番目が総合的にやや勝るというところでしょうか。

そして最後に、**三番目のヴィデオの演奏**につきましては、最初のヴィデオの演奏の逆で、幸せ感の表出においては不足はないのですが、バックに国民性もあるのか、厳しさが欠けるのが難点と思われます。Kさんもおっしゃっていましたように、昨今一般的にこういうスタイルの演奏が多く、音楽評論家の中にも、「この曲はベートーヴェンの他の多くの曲と異なり、苦難や不幸の陰りは全くない」などというようなことを言う人もありますが、私はベートーヴェンの曲にそのような曲があろうとは思われませんし、ましてヴァイオリン協奏曲のような大曲にそのようなことがあろうはずもありません。その証拠は、もしこの曲に苦難・不幸の陰りさえもないとすれば、シゲティ、クライスラー、シェリングほか硬派をもってなるかなりの数のヴァイオリニストたちが、さらには、ヴァイオリン独奏者ではありませんがベートーヴェンを振らせては不世出の大指揮者と謳われたW・フルトヴェングラーを筆頭に、相当数の偉大な指揮者たちがサポートして遺したレコードにおいて、今日聴いた最初のヴィデオのような厳しい演奏をするはずがないからです。

さあ、それでは、お待ちかねの全曲とおして鑑賞するステージに移行しましょう。メンバーの皆さんのご感想やご意見そして私のコメントなども斟酌してご判断ください。それでは、最初のヴィデオを全曲聴きたいと思う方、挙手願います。お三方ですか。過半数にはちょっと足らないようですね。それでは、二番目のヴィデオを全曲聴きたいと思う人、挙手願います。六人ですか？　これに決まりですね。さきほどちょっと匂わせましたように、正直に申し上げれば、私もこれが最良かと思います。三回目にして初めて、皆さん方の多数意見と私の意見が合致しましたね。「めでたし、めでたし」といったところで、ご一緒にこれを全曲鑑賞しましょう。

…………《N響との共演ヴィデオ・全曲鑑賞》…………

最初のヴィデオの厳しさ、格調の高さに徹した演奏も素敵でしたが、演奏の境地という点からは本ヴィデオの演奏が、それらをも兼ね備えながら、テレーゼ嬢との婚約なったことを初めとする、人生一番の順風満帆の時期を反映するかのような「幸せ感」に満ちたなかなか良い演奏でしたね。

ちなみに、今日、演奏比較に用いましたヴィデオの演奏は、独奏者のシェリングさんについては、当然のことに三本とも甲乙つけがたい名演ですが、サポート（指揮者・オーケストラ）につきましてはいずれもいまひとつ物足りません。そういう意味から、最初のヴィデオの演奏スタイルでベスト盤とおぼしきものに、H・シュミット＝イッセルシュテット（指揮）とロンドン交響楽団との組み合わせによる旧盤があり、二番目のヴィデオの演奏スタイルでベスト盤とおぼしきものに、B・ハイティンク（指揮）とアムステルダム・コンセルトヘボウ管弦楽団（当時の名称。現在名はロイヤル・コンセルトヘボウ、アムステルダム）との組み合わせによる新盤があることを付け加えておきます（レーベルはともにフィリップス）。できれば、新旧ともに持ってほしいのですが、万やむを得ず、いずれか一枚となれば、厳しさ一本に絞り込み、きわめて真摯な演奏ぶりの旧盤に後ろ髪を引かれながらも、いわば才色兼備の、オプティマムなバランスの好演をとらえた新盤の方でしょうか。

最後に、かねてより予告的に申し上げておりましたが、私自身の勉強のため、当塾は来年から（当面）暫時休講ということにさせていただきます。ひとつその間、過ぐる三年間講義の中でご紹介しました三楽聖の生涯並びに作品について十二分に咀嚼していただくとともに、マス・メディア、レンタル・ショップなどをフル活用して頂いて、過去三年間ここでおかけしました三楽聖の有名曲のＣＤ（レコード）と、どんな盤でもけっこうですから、できるだけ多く貪欲に聴き比べてみてください。そうすれば、自ずから違いが分かるようになると思いますし、それが自然と曲の本質を究めることにも繋がって行くと思います（くどいようですが、その場合の判定基準は作曲者の作曲当時の考えなり思いなりを、どの盤が最も良く反映しているかですよ）。いくら名盤でも、たった一枚しか持っていないようでは、その曲の本質にも、あるいはその曲の持っている多様性にも、気付かないものです。ここら辺りにも、曲は絞っても同一曲のレコードやＣＤを複数枚（少なくとも二枚、できれば三枚）持つことを私がお勧めする理由があるのです。そういうことができるのもＣＤ（レコード）ファン冥利というものと思います。実演を通じてそれをしようと思ったら、できなくはありませんが大変です。生意気いうようですが、長年その道を模索してきた一先達《せんだち》として、ご忠告申し上げます。それでは、今年一年間の勉学ご苦労さまでした。良いお年をお迎えください。（完）

ベートーヴェンの名曲の名盤をもっと聴いてみたい人のために

（曲　名）　　　　　　（盤　名）

・交響曲 No.7/8/9：フルトヴェングラー（A）/ベーム（G）/ワインガルトナー（A）/ワルター（CS）
・ピアノ協奏曲 No.5：アラウ（A&Ph）/カーゾン（L）ケンプ（G）/ゼルキン（Tel）/バックハウス（新旧共 L）/フィッシャー（A）
・弦楽四重奏曲 No.7-16：スメタナ SQ（De）/バリリ SQ（W）/ブダペスト SQ（CS）
・ピアノ・トリオ No.7：オイストラフT（A）/カザルスT（A）/ケンプ・シェリング・フルニエT（G）/スークT（De）
・ヴァイオリン・ソナタ No.9：オイストラフ（Ph）/シェリング（Ph）/スーク（De）
・チェロ・ソナタ No.3/4/5：カザルス（A）/フルニエ（G）/ロストロポーヴィッチ（Ph）
・ピアノ・ソナタ No.21/26/29-32：アラウ（Ph）/ケンプ（新旧共 G）/ゼルキン（CS）/バックハウス（L）
・ミサ・ソレムニス：ベーム（G）

レーベル名・略号表

A	エンジェル	Ev	エヴェレスト
Ar	アルヒーフ	G	グラモフォン
Can	カンターテ	HM	ハルモニア・ムンディ
Cl	クラーヴェス	L	ロンドン
CS	CBS・ソニー	Ph	フィリップス
De	デンオン	R	RCA
Ds	ドイツ・シャルプラッテン	Tel	テラーク
E	エラート	W	ウェストミンスター

お勧めの再生装置

ほとんどが製造中止品ですが、人口百万以上の大都市なら、中古オーディオ・ショップで、締めて50万円見当で今日でも入手可能な筈(レコードも今なら中古市場では掃いて捨てるほどある筈)です。瑞々しくいきいきとした、透明感と臨場感に溢れた再生音を得たかったら、デジタル全盛の現代にあってもあえてアナログをお勧めします。それも古くとも全盛期(‘60－‘80年、譲っても‘90年まで)のものを。ただし、アナログはしっかりした装置を必要とします。下記程度が最低線ですので、それが無理な向きには強いてとは申しません。それ以下の予算ならむしろデジタルをお勧めします。その場合、ポイントはCDプレーヤーです。お勧め品としては、ラックス製のD-500シリーズに止めを刺します。入手性が問題ですが、あれば7～12万円見当でしょう。これを下記装置につなげば、けっこう聴けますよ。

1．レコード・プレーヤー(推定予算：10～15万円)
   テクニクス、デノン、ソニー、パイオニア、ヤマハ等国内メーカー製プレーヤー*にオルトフォン(デンマーク)製の中核MCカートリッジMC-30/20/10シリーズ等を装着したものあたりがお勧め。
   * カートリッジには国産品もあるが、音楽性でオルトフォンに一日の長あり。
2．カセット・テープ　レコーダー(推定予算：5～10万円)
   ソニーの7シリーズ*かティアックのV-8030*がお勧め。
   *音の透明感ではソニー製が、品位ではティアック製が優れるか。
3．プリ・メイン　アンプ(推定予算：15～25万円)
   管球式ならC／P的にラックス(日本)の三極管を出力管に搭載するSQ-38シリーズ*にカンノのフォノ・トランスを接続したものに止めを刺す。トランジスター(Tr)式なら真空管と同じ作動をするMos-FETを出力段とするアキュフェーズ(日本)のE-305V等がお勧め。
   * できれば管球式をお勧めしたいが、入手性が問題か。その場合は、Tr式で可。
4．スピーカー(推定予算：15～20万円)
   タンノイ(英国)のスターリングTW/TWW*あたりがベスト・チョイス。
   * 国産品にも候補がなくはないが、ドイツ・クラシックにはタンノイが絶品。

使用音源・装置

使用音源：アナログを中心とし、デジタルはアナログで求め得ないときのみとする。

使用装置：カートリッジ；オルトフォン SPU Reference（A）
フォノ・トランス；カンノ USW-31L
CD プラーヤー；ラックス D-500
アンプ；ウエスギ UTY-6、U-BROS-7、8、11
スピーカー；タンノイ Canterbury15

[註]“世はいまやデジタル（CD）全盛時代だというのに、まだアナログ（レコード）を使っているの？　何と言う時代遅れなことか”と思われるかも知れませんね。しかし、早がてんしてもらっては困ります。私が時代に乗り遅れているのではないのです。名うてのオーディオ・マニアでもある私・主宰者のこと、CD が世に出た時から早々と内外のトップ・メーカーのトップ機種を購入して（都合、10 台ぐらい購入したでしょうか？　それに要した費用は優に高級乗用車一台分に相当します）、デジタル・ソースと約 10 年間格闘しましたが、ついに満足いく結果（響き）が得られず、ちょうどデジタル発売 10 年目に、一念発起してデジタルを諦め、元のアナログに戻りました。

そうしたらどうでしょう？　その間のアナログ機器の進歩もあり、改めてアナログの優越性を再認識し、惚れ直しました。とは言え、その後もデジタルの動向が気になるものですから、ポイント、ポイントではチェックしていますが、現在までのところ、私の判定は覆りません。アナログはお金は掛かりますが、新品購入価格で言えば、少なくとも三桁の万は覚悟しなければならないでしょうが、その程度のしっかり組まれた装置で聴けば、わずか一点、便利さだけを除いて、後は実用上デジタルに劣るものは何一つないと確信しております。

その後、‘99 年春にスーパー CD なるものが発売されましたが、こうした CD の上位製品が開発されること自体、メーカーも現行 CD の（対アナログ）劣勢を認識している証左ですし、さてそのスーパー CD なるものの実力のほどはどうでしょうか？　目下のところは、予想したとおり、これなら CD の方がましなくらいで、とうていアナログの敵たり得ない感がしますが、一音楽ファンとして、今後の改良、発展を期待して見守りましょう。しかし私は、少なくとも私の目の黒い間は、デジタルがアナログと同レベルになったり、ましやアナログを凌駕するようなことはあり得ないであろうと思っています。

エピローグ…………冬の湯布、つれづれ

冬のわが山荘

冬の湯布院の一日もほかの季節同様、朝霧の下から始まるのですが、さすがに冬は厳しい寒気の中ゆえ、これを眺め、愉しむ余裕はありません。よって、冬は、いや冬だけは、恒例の湯布院名物の朝霧の描写は差し控えることにします。

さて、私たちの湯布院の山小屋は海抜七〇〇メートル強の高地にあるため、冬季の最低気温はシーズンに二、三回マイナス一〇度ぐらいに落ちます。しかし、最低でもせいぜいその程度ですから、頑張れば越冬できなくはないのですが、やはり少々厳しかろうと考え、原則、冬季は関西の旧宅に帰り、越冬することにしています。

しかし、湯布院に生活の軸足を移した最初の年は、どの程度の寒さか、寒さ加減をわが身で実際に確かめてみたく思い、いったん秋の終わりの一一月下旬に関西へ引き上げたものの、年明け早々の一月一〇日に湯布院の山小屋に引き返してきました。これからご紹介する冬の湯布院の記述はその時の体験談です。

冬の短い日がとっぷりと暮れた頃、午後六時過ぎだったでしょうか、約二カ月ぶりにわが山荘に戻ってきました。わずか二カ月ぶりとは言え、久しぶりに山荘のデッキから見る、見慣れた湯布院の夜景は肌を刺す冷気……いや寒気の中で眺めると、これまでとはまた一味違った趣を感じさせました。

寒さをこらえてしばらく眺めていると、東の空がいやに明るいのに気が付きました。この寒さのなか、酔狂にも山向こうの別府かそこらで、何かイベントでもやっているのかなと思っていると、やがて、何と真ん丸な大きなお月さんが山の端から上ってきました。振り返ってみれば、前年の夏の盛りに関西から移り住んで以来、多忙に打ち紛れ、この地では月の出を眺めたことがなかったのです。月の出そのものはちっとも珍しいことではないのですが、この時の月の出はなぜか強烈な印象を私たちに与えました。

湯布院に引き返してきてまもなく、私たちにとって初めての「寒波」が襲ってきました。前夜からずいぶんと吹雪《ふぶ》いているなと寝ながら思っていましたが、果たせるかな朝起きてみると、想像どおり辺り一面、純白の雪景色でした。外に出てみると、猛烈な寒さでした。屋内に戻り水道をチェックしてみると、完全凍結で、すべての蛇口からは一滴の水も出ません

冬のわが別荘村（手前）と湯布院遠望（奥）

でした。後で分かったことですが、この時の寒波はそのシーズン一にして、何年来のものだった由でした。

雪は粉雪だったと見え、折りからの強風にあおられ、私たちの山小屋の周りは別荘地ゆえ、冬季はほとんど利用されていないため、暖炉の煙突から煙が出るはずはないのですが、あたかも、暖炉の煙突から煙が出ているような風情で、屋根の上に積もった粉雪が風に舞っていました。

夏から秋にかけて、あれほど賑やかだった、虫や小鳥の鳴き声もまるで聞こえない、静寂な厳しい冬の別荘地が眼前にたたずんでいました。こうした吹雪の日が三、四日も続こうものなら、南国・九州にあっても写真のようなありさまに相成ります。

もっとも、ここの冬の良さは夜中にいくら雪が降り積もっても、たいがいは止んだ日のお昼までには溶けてしまうため、日中の日常生活の妨げにはあまりならず、私のような活動派は大変たすかっています。また、雪がよく降り、寒さもかなりのものですが、そういうカラッとした、変化に富む、ダイナミックな冬ゆえ、当地の冬もなかなか魅力的ではあります。一、二月の厳冬期には頂きから裾野まで一面雪化粧した、湯布院のシンボル「由布岳」が左手に大きく近く聳《そび》え、一方の右手には、小さく遠く全山真っ白な「九重連山」がくっきりと見えます（他の季節はおおむねガスッて、ごく稀にしかはっきりとは見えません）。緑の衣をまとった春と夏の由布岳も、紅葉のストールを巻いたような秋の由布岳ももちろん素敵ですが、雪に覆われた、厳しい冬の由布岳もなかなかのものです。

それでは最後に、湯布院近郊で未紹介の地区から目ぼしい所を選抜してご紹介し、筆をおかせていただきましょう。これまで、湯布院の南方、東方、北方の順にご紹介して参りましたので、今回は残る西方をご紹介することとします。

九州の小京都と呼ばれる、日田《ひた》のオールド・タウン「豆田町《まめだ》」の一角に、江戸期の「豊《ぶ》の三賢人のひとり広瀬淡窓の興した私塾「咸宜園《かんぎえん》」跡があります。ここ豆田町には彼を含む広瀬家にまつわる建物がほかに三つあります。一つが「広瀬資料館」であり、ほか二つが今回ぜひ皆さんにご紹介したいと思っている、レストラン・茶房「秋子想《ときこそう》」とホテル「風早《かざはや》」

ホテル「風早」

です。秋子想は、広瀬淡窓の二歳年下の妹で、日田在住の折りには、病弱だった兄の淡窓の側にあって、身の周りの雑事を取り仕切り、後に京都の宮中に仕え、わずか二二歳の若さで世を去った彼女を偲んで名付けられたものだそうです。そして、「風早」は、その秋子が宮中で仕えたのが風早の局だったところから名付けられたのだそうです。

秋子想、風早ともに、昔の風情を色濃く残す豆田町の町並みにしっとりと溶け込むようにたたずんでいます。特に、秋子想は、約二〇〇年前の江戸期に建てられ、長く酒蔵として利用されてきたものを改造して使っており、往時の雰囲気の中で食事や喫茶が愉しめます。日田近郊を通り掛かられたら、ちょっと回り道してでも立ち寄られることをお勧めします。

最後の最後に、湯布院近郊で、ここに触れなければ、まさに画龍点睛を欠くようなところが、前作・本作を合わせても、不本意にも未紹介のまま残されていますので、そこをご紹介して今度こそ本当に筆をおきましょう。そことは、ほかならぬ「阿蘇《あそ》」と並んで、九州の屋根たる「九重連山《くじゅうれんざん》」です。かつて、尾瀬にはまったことのある私は、九重連山とともに、それらに抱かれるように山間にひっそりとたたずむ風情の、九州の尾瀬たる「坊《ぼう》がつる」に永年、想いを馳せてきました。この地に移ってきてからも、いの一番に訪れたいものと思いながら、別荘の作り込みや月に二回巡ってくる「湯布院・熟塾」の例会活動の準備などに忙殺され、今日まで訪れることができずにきました。移住三年目の今年一〇月半ばに今年度残りの例会活動の準備もすべて完了したのを機に、一〇月下旬やっと私たち夫婦はこの地を初めて訪れることができました。「冬の湯布、つれづれ」と題しながら、秋の坊がつるをご紹介するのは少々気が引けますが、冬の九重連山に挑戦できるほど、私たちは山に慣れていませんので、ご寛容のほどを！

さて、当日は、九重連山の麓、飯田高原《はんたこうげん》の一角にある長者原《ちょうじゃばる》に車を止め、往路は「やまなみハイウェイ」沿いの坊がつるのような長者原・タデ原湿原を横切って、雨ヶ池越えルートで坊がつるを目指しました。途中、予想を上回る樹林帯の中の悪路に少々てこずりながらも、ほぼ予定どおりの所要時間で坊がつるに到着しました。湿原のほぼ中央部に木製の

九州で最も高所にある温泉旅館「法華院温泉」

デッキが置いてあったため、私たちの山小屋からいつも遠望している平治岳《へいじだけ》、大船山《たいせんざん》を目前に、持参の手弁当を食しながら一服しました。スタート時間が遅かったため、あまり長居できませんでしたので、一休みしてさっそく帰路につくことにしました。来た道をそのまま引き返すのも策のない話ゆえ、往路とは違うルートのすがもり越えで帰ることとしました。途中、九州一高いところにある温泉宿「法華院《ほっけいん》温泉」（写真）を通り抜け、三《み》俣《また》山、久住《くじゅう》山、硫黄山、星生《ほっしょう》山など名だたる九重の山々を仰ぎ見ながら、瓦礫《がれき》転がる山道を這いずりまわって、どうにか陽のあるうちに出発点の長者原に無事帰ってきました。次回の登山時には、今回横目で見ながら素通りした法華院温泉に一・二泊して、坊がつる界隈を十二分に探索したいものと思っています。来年の夏の楽しみがま

「坊がつる」

た一つ増えました（その後多忙な日々が続き、二〇〇六年春現在、残念ながら未投宿）。

（完）

あとがき

「まえがき」でも触れましたように、退職のおよそ一〇年前から退職後をどう生きるかについての具体的構想を練り上げ、活動の舞台も退職前の関西から新天地の九州に移し、九七年に満を持して実行に移して丸八年。その間一度は挫折（完全撤退）も強いられながらも諦めず、二〇〇一年からはその続きの第三ラウンド目（福岡では同じ市内で一度、場所替えもしているため、今回は都合三ラウンド目となる）を大分の湯布院にて立ち上げ、以来三年、鋭意推進して参りました。目下のところは、講師たる筆者の大学行きのため、休講中ですが、勉強が終われば、再開の可能性も無くはありません。しかし、この活動はもう一〇年近くも実践してきたのですから、次に「お役に立ちたい」活動を再開する時には、目下勉強中のキリスト教神学を活かした活動を、人生最後の「お役に立ちたい」活動として選ぶやもしれません。ともあれ、再開の時は早くて三年先、遅ければ五年以上も先のことゆえ、この先の世情の変化、事情の変化なども勘案し、総合的に判断したいと思っています。しかし、いずれにしろ、足腰の立つ限り、終生「三たい主義」に生きることには固執したいと思っています。

ところで話は遡《さかのぼ》りますが、第三ラウンド二年目のスタート直前だった、二〇〇二年二月二三日付けの全国版朝日新聞紙上に、私の投稿が載ったとき（巻末資料―二参照）、何人かの読者の方から「なぜ、地方（田舎）でばかりなさるの？　なぜ、東京や大阪のような大都会でなさらないの？　あなたのなさっていることは、地方よりも都会向きだと思いますのに」という声が寄せられました。私自身も向き不向きで言えば、そうかも知れないなと思うのですが、私が地方にこだわるには、それなりの理由があるのです。その理由とは、「都会では意欲さえあれば、チャンスはいくらでもある。先生役もいくらでもおられる。それに引き換え、地方では意欲はあってもチャンスなく、先生役にも事欠き、私程度でも稀少で貴重なのではなかろうか」というものです。

提供者の理念が理念ですから、私の提供するサービス内容は自ずから地方公共団体や新聞社の提供するものに比べれば、すでにご覧になったとおり少々レベルが高いものになっています。たぶん、都会地の大学のオープン・セミナー並みにはなっているでしょう。先の新聞記事にありますように、「適度な知的緊張感を強いるレッスン」と言って評価してくださる人もあれば、レベルが高過ぎる、難し過ぎると言って去って行かれる人もあります。最近では、後者の数が増えてきています。ただ続けることだけに、ただそれだけに意義を見出すのなら、レベルを下げれば良いわけです。至って簡単なことです。しかし私は、レベルが高ければ高いほど良いとまでは思っていませんが、レベル的には譲れぬ一線があります。その譲れぬ一線からスタートしている関係上、上げ代はあっても、下げ代はないわけです。私がやるからには、この一線は譲れません。

とは申せ、ご覧のとおり、レベルが高いと言っても大して高いわけではありません。都会でなら、普通レベルか、せいぜい少し高い程度でしょう。しかし、地方では、これでも大変高いレベルのようです。いずこでも、またいずれの分野でも、サービス提供者の気持ちとサービス受給者の気持ちを合致させることは難しいものですが、地方で、とりわけ文化的、知的分野で合致させることはことのほか難しいようです。

そうした情況下にもかかわらず、二〇世紀を代表するドイツの名指揮者W・フルトヴェングラーの大の信奉者である筆者にしてみれば、クラシック音楽の手解きをするにも、セミ・クラシックぐらいから導入する、一般的にして易しい道もあるのに、あえてその道を選ばず、彼、フルトヴェングラーの哲学に則して導こうとしているものですからまさに苦闘の連続です。「芸術とは非大衆的な事柄である。しかし芸術は大衆に向かって語り掛ける」と言い、「人間が集団に属し自己を集団として感じている限り、人間はより高い特性を持たないし、またそれを必要ともしない。より高い特性とは飽く迄も個性に係わる事柄である」と言う一方で、「人間的感動の大部分は人間の中にではなく、人と人の間にある」と言い続けたフルトヴェングラーは、音楽に限らず芸術一般において創造行為そのものは孤独の深淵で営まれなければならないが、芸術家の意識までが他者と隔絶された密室になってしまってはならないことを痛切に感じていました。難しいことではありますが、個人個人がその個人性を放棄することなく、なお他者と繋がり得る微かな可能性を固く信じていました。王者の孤独と品格が民衆の暖かな心情と接し合う一点を――誤解のないように断りますが、あくまで最高次の次元、つまり精神的次元での接合点を求めて止まなかったのです（巻末資料三―二参照）。

そういう彼の哲学にのっとって、私も高嶺には通じているが険しく狭い道――初歩的段階では易しい曲から入るものの、ジャンル的には情念的、精神的なものが中核をなすドイツ・クラシックからいきなり入る道――を選びましたが、安直に流れやすい現代日本にあって、とりわけその傾向の強い地方にあって、あえてそれを強行しているものですから、当然のことに会員はあまり集まらず、わずかばかりの会員も漸減しています。都会地でなら、人口が多いため、去る人があっても入れ替わりに新規加入がありますから、必ずしも会員数は減る一方ではないのですが、湯布院のような田舎にあっては、それが期待できず、まさに減る一方です。湯布院は当今人気の温泉郷であり別荘地ゆえ、普通の田舎町とはちがうだろう?と思っておられる向きもあるやもしれませんが、住民の文化度・教養度に関してはほんの一握りの指導層の人たちを除けば、よそと何ら変わるところのない普通の田舎町です。

地方の人たちにとって、現実生活に係わりのない、この種の勉強にあまり興味が湧かないのも私とて分からなくはありません。今までこの種の勉強から無上の悦びを得たという経験をお持ちではないでしょうから。しかし、現実生活からはどう努力してみても得られない、異種の、別次元の悦びをこの種の勉強からは得られることもまた事実なのです。私自身がそうした悦びをあまた得てきたのですから。だからこそ、私自身がどう見ても「老人」の六四歳の二〇〇四年から再び大学に通って、私にとっては非専門の分野である「キリスト教神学」（私の専攻は法学）を学び始めているのです。学び始めてわずか二年ですが、もうすでに実に多くのことを学び、多くの歓びを得ました。また、これから学ばねばならないことも、私の余生のすべてをかけてもできるかなと思われるほどあることも分かりました。大変だなあと思う反面、生きる歓び、希望でもあります。この後、老躯に鞭打ち、少なくとも修士課程は、そして場合によっては博士課程も修めたいものと思っています。というしだいですから、地方の人たちも、そんな実生活に何の役にも立たないことをなどと言わず、もう少しこうした未知の、非実用的な、しかし、真に教養的なことにも興味を持って勉強してほしいものと思います。きっと素晴らしい未知の世界が開けてくること請け合いです。ほかならぬ私自身がその証人なのですから。

もちろん、地方の人たちもただいたずらに惰眠を貪っておられると言っているのではありません。自分たちの今現在の生活について、またもの心ついてからの来し方の人生について、都会人の生活と異なり、自然にも恵まれ、時間的余裕にも恵まれておられるだけに、かえって多くの時間をかけて感じ、また思い考えておられることとは思います。しかし、私には対象があまりに「生活事」一点にかたより過ぎているように思えてなりません。無論、「生活」のことなど全く考えず、「非生活」的なことばかりに集中すべきだと言っているのでもありません。「生活事」と「非生活事」とを中庸のバランスで、バランスよく追求することができないものでしょうか？　すでに述べましたように「生活事」を少し抑えて、己の一度しかない人生をより豊かに、深くできないものか、ひとつ騙《だま》されたと思って、そのことに思いを馳《は》せてご覧になったらいかがなものであろうかと思うのですが……。

言い方を換えれば、外的、物的に幸せになることを少し抑えて、内的、心的に幸せになることを考えてご覧になったらいかがでしょうか？　そういった時の「宝の畑」が音楽であり、映画であり、文芸ではないでしょうかと、ここ一〇年近く申し上げ続けているのですが、なかなか耳を傾けていただけません。レベル高い知育の実学は言うにおよばず、幅広い教養教育まで標榜《ひょうぼう》して取り組んだ子供向けの塾に引き続き、気休め、気晴らしに留まらない、人生そのものを豊かにし、深めることを希求した成人向けの塾も、その炎はしだいに細く、弱くなってきております。

しかし、その責めは地方の人たちの望まないものを、分かっていてあえて提供した、お前さんにあるのではないの？とおっしゃるかもしれませんね。それはそのとおりです。しかし、いくら皆さんの望まれるものを提供して成功を勝ち得ても、それが私から見て意味あるもの、価値あるものでなければ、私にとっては何の意味もありません。よって、私にとっては、子供向けにしろ、成人向けにしろ、これしか意味はないと思う内容・レベルのものを提供して、最低限のご賛同を得るしか成功の形はないのです。たとえ、大成功ではなかったにしろ、また成功した、しなかったにかかわらず、はたまた子供向けにしろ、成人向けにしろ、こういったものが現代の日本社会で必要ないのかどうかも、広く日本全国の皆さんに問いかけたかったことなのです。前作並びに本作でご紹介しましたようなことは現代日本ではもう必要ないことなのでしょうか？　私は平成のドン・キホーテなのでしょうか？

最後に、湯布院に山小屋を持ち、そこを「湯布院・熟塾」活動の拠点にしておりますが、断るまでもなく、それを持った第一義的目的は、私たち夫婦が山荘ライフを愉しむことです。本書は、無論、「湯布院・熟塾」活動を紹介することが本旨ではありますが、性格的に固くなりがちな本書の雰囲気を少しでも和らげることと、私どもの山荘ライフの一端をご披露することも兼ねて、プロローグ・インターミッション・エピローグを利用させていただきました。そのような筆者の意図もお汲み取りいただければ幸いに思います。

同じ類で恐縮ながら、ついでですから申し添えますと、全部で三つある各セッション中、それぞれ三回目に当たる「関係書講読」において、いささか引用文が多すぎ、長すぎるのではないかという印象を持たれた向きもあるかもしれませんが、それはできる限りその著者の各作曲家に対する溢れんばかりの愛情なり、深い洞察なりを直接感得してほしいと思ったからにほかなりません。拙著が縁で、それぞれの原典を読者の方々の多くが購読されるに至れば、著者としてこれに勝る喜びはありません。

前作のときも最後に妻に対する謝意を述べて本編を終えましたが、今回も最後の最後に妻に対する謝意を述べて「あとがき」の幕引きをしたいと思います。前作の福岡における子供たち対象の塾においても、本作の湯布院における成人対象の塾においても、筆者だけの行動記録の形を取ってはいるものの、筆者だけでこれらの事業が完遂されたわけでは決してありません。妻の協力・支援がなければ到底できなかったことです。そういう意味ではリタイア後の早期シルバー・ステージ一〇年にわたる「お役に立ちたい」活動は筆者と妻の協同活動であったということができましょう。また夫婦協同で「お役に立ちたい」活動をすることも恐らくもうないであろうと思われ、その間二人とも病気一つすることもなく健康に恵まれ、結果はともかく三地区に跨った本活動が無事終えられたことにも感謝しなければならないと思っています。

二〇〇六年　陽春

萌黄色の新緑に包まれた湯布院にて　苅田種一郎

巻末資料

●資料——一●恩師・張源祥先生の思い出

音楽とわが青春

張　源祥

（『楽に寄す』一九八一年刊所収）

故張源祥先生の肖像

在日華僑の家に生まれた私には、今から言えば七十年も前、当時大阪の新町通にあった寺田商会のトレード・マークつきの、貿易品のリード・オルガンを父から与えられたのが、音楽との出逢いの機縁になった。父の店に勤めていた国田という男は細密な日本画を描く腕前をもっていたが、音楽も好きで、よくわが家へ来てオルガンを奏し教えてくれた。やがて市岡中学に入った。そこの教育はスパルタ式であったが、校舎の中心からは遠く武道の道場を隔て、木柵の外は草原で遠く六甲山が望まれるバラックの音楽教室で大橋先生から唱歌を教わった。この人は名を純一郎といい、当時の大阪の音楽家たちが集って作った「羽衣管弦団」第一ヴァイオリン奏者であり中之島公会堂や北浜の近松座などで演奏会があった。私は宅稽古の弟子のひとりにもなり、話好きのこの人からは、いろんな芸術談や人生論を聴かされた。

中学を卒え、旧制高校進学の際に私が選んだのは、将来大学では法文系へ連なるコースへ行くつもりであったが、できるだけよい音楽に触れる機会を多くもちたいという念願から東京を目指した。

東京における大正八年から六年間にわたる私の学生生活——高校三ヵ年と大学（経済）三ヵ年——は、音楽的環境条件に恵まれたものであった。向ケ丘からは谷中を隔てて、上野の森が眺められる。私は早速東音の樂友会に入会し、その土曜演奏会で多くの名曲に接した。高校運動場の裏側に住んでおられた上野の助教授弘田龍太郎先生の門に入り、音楽勉強もできた。先生指導の一高オーケストラの演奏会でヴァイオリンを奏したこともあった。当時先生は大正年間の童謡作曲隆盛期の有名人としても活躍しておられたが、「浜千鳥」の制作に際して、夜の不忍の池のほとりを散歩しながら霊感を得られた話をきいたこともある。先生の仲間の一人、杉山長谷夫氏からも教えを受けたことがある。

大学時代には、本郷西片町の東大学生ＹＭＣＡの寄宿舎に入ったので、音楽は一層身近なものとなった。会館にはピアノもあり、毎週一定の夕方には上野の船橋栄吉教授が寄宿生の合唱指導に来られたので大変有益であった。またここのホールには、東京中からの音楽や新劇、舞踊の試演会が持ち込まれたので、多くの見学の機会が与えられた。勿論ここだけが私の音楽、芸術道場だったわけではなく、日比谷公園の野外音楽堂を中心とする吹奏楽や管弦楽も私の耳福を豊かなものにしてくれたし、時折帝国劇場の舞台にかかるイタリアやロシアのオペラも見聞を広めてくれた。

しかし、音楽に関するもう一つの分野は、私のその後に大きなかかわりをもつことになった。それは麻布の飯倉にあった、徳川家創設の音楽図書館南葵文庫から受けた影響である。南葵音楽図書館に出入りするようになった私の第一印象は楽書・楽譜・レコードの各般にわたって充実した内容が整備されていたことと、館長をはじめ司書その他の職員が懇切に来館者を接待してくれた人間関係のよさであった。私は全くそのとりこになってしまうとともに、音楽の知的探求への展望が開けたのでこの上もない喜びを得た。その後も常にこの施設の恩恵に浴しながら、東京におけるわが青春時代を音楽とともに送ることができた。

だがついに一つの転機が来た。大正十二年九月の関東大震災のため、東京が灰塵に帰し、京大の荒木総長が来られて避難学生を収容することが報ぜられたので、私は志願した。異例の転学が許され、当時まだ全く静けさそのものだった洛北の学園に移って残る半年間学び、翌春卒業後も五年間経済思想史を研究、一応頭の整理ができたのを契機に、音楽に直接結びつく美学勉強のため、もう一度金ボタンの文学部学生にかえった。このあたりからは三十歳を越えた私の話になるが、その後もずっとこの第二の専攻の途を辿って今日に及んでいる。かつては海を渡って大陸の大学に赴き、また世界各地の音楽や音楽学の状況を見て廻ったが、近年は西日本各地を旅しながら音楽美について説いて廻る遊行僧のようなことをしながら余生を送っている私である。

ところでつくづく思うことは、若し私が若き日において音楽という芸術に巡り会う機会がなかったとしたならば、そしてこの芸術が最もはっきりと啓示してくれる調和と美による慰めがなかったとしたならば、私はこの半世紀以上において痛切に体験してきた苛烈な国際緊張や残酷な現実の出来ごとの洪水の中に溺れ死んでいたのかも知れないということである。私はシューベルトの歌曲「樂に寄す」を思い浮かべながら筆をおくことにする。

おお、優しの芸術よ、人の世の荒れた群の中に惑いて、灰色の時を過ごし勝ちな時、お前は私の心に暖かい愛を湧かせ、よりよき世界に私を伴っておくれだった。時にお前の竪琴からは溜息が流れ出で、お前の魅力に満ちた神聖な和音はより幸福な時の歓びを私に繰り広げて見せておくれだった。おお、優しの芸術よ、なればこそ、私はお前に感謝するのだ。

●資料――二●

「湯布院・熟塾」設立趣意書ほか

一　「湯布院・熟塾」設立趣意書

人類の生活には物心の両面があり、それらを共により良いものにして、人生がより充実した幸せなものとなる様に、人類はその誕生の時以来いろいろな創意と工夫を凝らし、知恵を絞って様々な文化を創造してきました。それら物心両面に亘る人類の創意と工夫は、自然科学や社会科学等主として物質生活に役立つもの（＝物質文化）と共に、人文科学の様に私たちの精神生活を豊かにするもの（＝精神文化）を創造して来ました。

二十一世紀も指呼の間に迫って来ましたが、その精神文化的に見た場合、二十一世紀の日本は単なる前世紀の延長であってはいけないと思うのですが、皆さんはいかがお考えでしょうか？

明治維新以来、日本人は欧米に、追い付け、追い越せを合言葉に懸命に頑張って来ました。その甲斐あって、日本は物質文化、とりわけ経済力や工業力では欧米を凌ぐ程に発展して来ました。しかるに、もう一つの文化たる精神文化についてはどうでしょうか？　私は日本はまだまだ相当後れをとっているのではないかと思います。精神文化については、もう一度明治維新まで引き返して、つまりスタート地点に立ち返って、出直す必要があるのではないかと思います。平成より昭和の方が、そして昭和より大正の方が、そしてまた大正より明治の方が精神文化的には活発であり、健全であった様に思われてなりません。

かかる観点より、（形ではなく、精神において）幕末の私塾の「適塾」に倣い、塾生同士が互いの思想・個性を尊重し合い、共に学び、語り合うことによって、ほんのひとときの活動ではありますが、本塾の活動を通じて精神的に充実した人生が送れるよう切磋琢磨しようではありませんか？　湯布院から大分全県に向かって、延いては大分県から日本全国に向かって熱い精神文化活動の息吹を発信しようではありませんか？　国籍、職業、年齢、性別、レベルの如何を問いません。精神文化に渇きを感じておられる方々の積極的ご参加をお待ちしています。

二 「湯布院・熟塾」会則（抄録）

第一条（名　称）本会は、正式には「湯布院・熟塾」と表記する。但し、通常は「ゆふいん熟塾」、「湯布院じゅくじゅく」及び「湯布院ＪＵＫＵ・ＪＵＫＵ」の三つを用途に応じ使い分けることとする。

第二条（本　拠）本会は、本拠をカリタス・アカデミー（東急湯布高原内）に置く。

第三条（目　的）本会は、会員同士が互いの存在と意見を尊重し、共に語り、共に学ぶことによって、充実した人生造りに資することを目的とする。

第四条（対象分野）概念的には、詩歌、小説、エッセイ、哲学、絵画、彫刻、演劇、映画、音楽とするも、当面その中核をなす「文芸」、「映画」、「音楽」（クラシック）に限定するものとする。

第五条（活動内容）原則として、有志会員が「半教半学の精神」（「大阪・適塾」の精神）……一日先に学んだ者は師となり、一日遅れた者は弟子となる……でもって、各自得意の分野につき自主的にレポートし合うものとする。

第六条（例会形式）本例会、サブ例会なる二種類の例会を持ち、いずれも二部構成とし、第一部では上記の活動をし、第二部では原則出席者全員による懇談を持つ。

朝日新聞（夕刊）

2002年(平成14年)2月23日　土曜日　3版　6

ウイークエンド経済

余生を生涯学習活動に

日本の生涯学習も、熱を帯びて来たと思うが、都会と地方では、まだかなり温度差があるようだ。

地方では、まず適当な先生役が見つからない。そのせいか公民館などでやっている生涯教育といえば、ダンスだの、盆栽だの、囲碁だのといった講座が大半を占める。こんな内容で社会教育法にいう「生涯教育」に値しようかと疑問に思っていたので、化学関係の会社を退職した翌年の97年から会社内の教養講座の講師の経験を生かし、ボランティアとして、大分県・湯布院で生涯学習のために「ゆふいん熟塾」を開いた。

兵庫県西宮市の自宅と湯布院を往復する渡り鳥だ。中心は「文芸」「映画」「西洋古典音楽」の三つで、例会は月1回。昨年度のプログラムは、文芸例会では深代惇郎執筆「天声人語」、曽野綾子著「夫婦の情景」など。映画例会では、戦争悲話シリーズとして「カサブランカ」、「ひまわり」。音楽例会ではバッハやモーツァルト。どの例会でも、第一部で私が講演した後に鑑賞し、第二部では参加者全員がその日のテーマを中心に討論や懇談をする。費用の大部分は私の自己負担だが、それも社会奉仕だからだ。

会員十数人の小さな塾だが、参加者は適度な知的緊張感を強いる生涯初めての経験と喜んでいる。今後短くとも10年、長ければ20年、この地での活動を私のライフ・ワークとして続けるつもりだ。いずれ、子ども向けにも教養教育の講座を開いてみたいとも考えている。

兵庫県西宮市　浅海哲夫・62歳

2003年度「湯布院・熟塾」スケジュール

月度	サブ例会	本例会
4	4月12日（土） バッハへの誘い（1）	4月26日（土） 〈文芸例会〉 コラムニスト： 深代惇郎の世界
5	5月10日（土） バッハへの誘い（2）	5月24日（土） 〈映画例会〉 邦画“雪国”鑑賞
6	6月7日（土） バッハへの誘い（3）	6月21日（土） 〈音楽例会〉 バッハへの誘い（4）
7	7月5日（土） モーツァルトへの誘い（1）	7月19日（土） 〈文芸例会〉 エッセイスト： 曽野綾子の世界
8	8月9日（土） モーツァルトへの誘い（2）	8月23日（土） 〈映画例会〉 邦画“乱れ雲”鑑賞
9	9月6日（土） モーツァルトへの誘い（3）	9月20日（土） 〈音楽例会〉 モーツァルトへの誘い（4）
10	10月4日（土） ベートーヴェンへの誘い（1）	10月18日（土） 〈文芸例会〉 エッセイスト： 犬養道子の世界
11	11月8日（土） ベートーヴェンへの誘い（2）	11月22日（土） 〈映画例会〉 邦画“東京物語”鑑賞
12	12月6日（土） ベートーヴェンへの誘い（3）	12月20日（土） 〈音楽例会〉 ベートーヴェンへの誘い（4）

（註）網掛け部分は本篇に収録

●資料——三●

著者関係論文

一　作曲家論

「モーツァルト」――その心情と現代的意義について――

［序論］

現代社会を特徴づけるマス・コミュニケーションの目覚しい発達は、我々現代人をして、あらゆる国の、そしてあらゆる分野の情報に、居乍らにして、然も速やかに接することを可能ならしめました。然しその反面、それは個々人に消化不良を齎《もたら》し、真に価値高きものを見失わしめる危険性を孕《はら》んでいます。

情報の横溢（氾濫）に由来する価値観（意識構造）の極端な多様化・分極化がそれです。科学の発展と共に情報が多くなることも、又その結果として価値観が多様化することも認めるに吝《やぶさ》かではありません。然し乍ら現代は、それが余りに極端過ぎはしませんでしょうか。自己の拠って立つ価値体系を決定するに先立ち、人は出来るだけ多くの体系に接する必要があり、然もその中から他に十分な敬意を払い乍らも、最も価値高き唯一の体系を選定しなければなりませんが、或る者は後者に性急であるの余り前者を軽んじ、また或る者は前者を重んずるの余り後者に優柔不断であります。外に向かっては巨大化が、そして内に向かっては細分化が益々顕著となる現代社会にあって、拠って立つべき確固たる価値観（世界観）を確立することは、現代人にとって最初にして最大の課題であります。

或る者は宗教を通して、また或る者は哲学を通して、そして或る者は文学を通して、それを求めるでありましょう。これから述べようとする音楽も、人によってはそういった存在になる可能性を秘めています。然しその場合、勿論宗教・哲学・文学についても言えることですが、真の拠り所となる為には対象は厳選されなければなりません。とりわけ音楽にあっては、作品のみならず、仲介者たる演奏家も厳選されなければなりません。そしてここで言う音楽とは安らかに眠る為の音楽ではなく、飽く迄醒めている為の音楽のことです。たとえ芸術性は高かろうとも人間存在（実存）の究極のものたる精神（魂）に係わらないような音楽は、言い換えれば本質的に「遊び」の音楽はここでは論外であります。

人間は精神である。精神とは何であるか。精神とは自己である。自己とは何であるか。自己とは自己自身に係わる一つの関係である。

（キェルケゴール『死にいたる病』より）

【本論】

モーツァルトの音楽を論ずる時、まず何はおいても明らかにしなければならない点はその本質（心情）についてであります。一言で心情と言ってもご承知のとおり、彼の場合は極めて複雑多岐に亘る心情を持っており、そのことが最も典型的な形で認められるのはオペラの中だと考えられますが、それに限らず器楽の世界においても対照の効果を偏愛し過ぎたとまで言われる程、感情にしても性格にしても観念にしても、極端から極端を包含しており、聴くものはその多様さに圧倒されてしまいそうになります。然し、極端から極端がいかに隔たっていようとも、その両極端が究極において収斂《しゅうれん》するところが……言い換えれば、彼の星屑のような目くるめく音楽的宇宙の中核をなすものが必ずある筈です。ここで言う心情とはそのような彼の心情中の心情、つまり本質のことであります。

さて、心情及び本質の定義につきましては、この程度に止め、彼のそのような本質的「心情」の究明に取り掛かることにしましょう。

＊　＊　＊　＊　＊

一般に彼を優美にして華麗な楽天的音楽家と見なす向きがプロ音楽家の中にもあり、素人音楽愛好家の間ではむしろ多数説ですらあるかも知れませんが、これほど彼の真意を等閑《なおざり》にした不当な扱いはないでありましょう。モーツァルトの指揮に掛けては古今を通じその右に出る者なしと謳《うた》われた名指揮者ブルーノ・ワルターはいみじくも言っています。

「愛らしいモーツァルトという偽りのモーツァアルト像は聖霊の約束が聴き取れない、そういう軽薄な人たちによって作り出されたのだ」と。

成る程、モーツァルトの音楽は例外なく明朗にして玉を転ばすような流麗さを持っています。そして彼にあっては、喜びも怒りも、また哀しみも楽しみも、総て美そのものであり、あらゆる人間感情は彼の手になる時、夜空の星の如く美しく光り輝きます。いずれをとって見ても美しい限りです。然し乍ら、それは次に引用する彼自身の言葉からも明らかな様に総てに節度を尊ぶ彼の芸術観に由来する単なる形体上、素材上の特徴であって彼の音楽の本質的「心情」がそこにあるとは考えられません。

憤慨している人間は秩序も節度も意図もみんな踏み越えるものですから音楽だってそうなる筈です。然し、情熱というものは烈《はげ》しかろうとそうでなかろうと、決して人に嫌な気持をさせる所まで表わすべきではないし、音楽もどんなに恐るべき箇所でも、決して耳を損なう様になってはならず、やはり耳を満足させる……つまりどこまでも音楽でなくてはなりませんから

（『モーツァルトの手紙』から）

バッハ、ヘンデル、ハイドン等の諸先輩作曲家が宮廷のお抱え楽士であったのに反し、モーツァルトは誰の庇護も受けない、真に独立した自由な作曲家として立とうとした史上初めての人であった為に、余りの経済的困窮から当時の音楽界の一般的傾向、或いは作曲依頼者の要望等を容れざるを得ず、その必然的結果として内容に乏しく外観のみ華やかな作品も少なからずあるにしても、

それら本意ならざる例外を除けば、外的特徴たる優美華麗さの中に、彼の崇高な「心情」が随所に迸《ほとばし》るのを心有る人ならば決して見逃さないでしょう。

モーツァルトは決してお砂糖の利いた甘ったるい音楽でもなければ、工匠の細工物でもない。モーツァルトは心の試金石なのだ。彼によって、我々は趣味や精神や感情のあらゆる病患から身を護ることができるのである。ここには簡素にして、然も気高く健康で限りなく澄みきった一つの「心情」が音楽という神々の言葉で語りかけているのだ。

（エドウィン・フィッシャー）

又、モーツァルトの音楽は一般にその人生体験を反映していないと良く言われますが、私はこの見解にも賛成することが出来ません。それは彼の音楽が泥沼のような生活苦の中から作り出されたとはとても信じられない程、一見いや一聴、美しく整っていることに拠るものと思われますが、心有る人が注意深く聴くならば、むしろ密接な関係を持っていることに気付かぬ筈はありません。年を経るにつれ総体に陰翳が濃くなり、次第に悲痛な響きを増していくことが何よりもそのことを雄弁に物語っています。そして、晩年の作品の多くは非情・苛酷な現実との内的な闘いの表現以外の何物でもないと考えますが、それは飽く迄、理性的精神を拠り所とし、然も美の黄金律に彩られて、絶えず高みへと上昇することを止めません。美しく整い、節度があればある程、その間隙を縫って迸《ほとばし》る「情熱」と「哀感」は際立ちます。微笑む瞳にキラリと光る一滴の涙に、そして笑顔に隠されたすすり泣きの秘儀に気が付かなければ、彼の本質的「心情」を真に理解したとは言えますまい。

＊　＊　＊　＊　＊

それではモーツァルトの音楽の核心たる本質的「心情」は生涯を掛けた六〇〇余の作品を通じて一体何を求め、何を語らんとしたのでしょうか。それは一言で言えば、「真なるもの＝真理」であったろうと思います。そしてその具体的内容は時期によって異なり、人間である限り誰にでもいずれ訪れる「孤独」というものを未だ経験していなかった少年期（〜一七七六）においては人間としての当為《とうい》たる「真情」を純真な心で追求し、異郷の地で耐えがたい「孤独」を噛み締めた青年期（一七七七〜一七八四）においては漸く精神的個性が際立ち、「真情」中最も価値高きものとしての「愛」の追求に向かい、そして晩年（一七八五〜）においては青年期の発展形たる……表裏とも言い得る……「生の意義」の追求へと移行して行った様に思われます。

いずれの「心情」も尊く且つ永遠の価値を持つものではありますが、青年期以降とりわけ晩年のそれほど接する者に戦慄《せんりつ》を覚えさせるまでに深く多様な想念を宿すものを私は知りません。

＊　＊　＊　＊　＊

次にモーツァルトの本質的「心情」……言い換えれば「魂」と言っても良い……の変遷・発展の跡を年代的に今少し詳細に追って見ましょう。

僕好き？　ほんとに好き？

これは彼がまだほんの幼少の頃に彼に好意ありげな人たちに向かって必ず繰り返したと言われている言葉です。それは幼い乍らも賞賛の美辞麗句の陰に、何か不純なもの、真実でないものを嗅ぎ分けたからか或いは当時社会的身分の低かった音楽家に対する冷やかな侮蔑の眼差しを認めたからでありましょう。虚飾・欺瞞《ぎまん》に対するこの素朴乍ら年齢を考慮するならば異常に鋭い懐疑の目は後年の彼の真情と非真情とを見抜く卓越した直観力を既に偲ばせはしませんでしょうか。と同時に、孤独のうちに終生愛に飢え愛を求めて止まなかった彼の生涯を象徴するような言葉でもあると思います。あらゆる音楽の中で最も神秘的にして多様な彼の音楽の謎を解く最初の鍵が……然も極めて本質的な鍵が……このありふれた言葉の中にある様に思えてなりません。

＊　＊　＊　＊

神童として持て囃《はや》された少年期の栄光はそう長くは続きませんでした。物珍しさが減ずるにつれ、また個性が際立つにつれ、彼は次第に大衆に見放されていきます。生まれ故郷ザルツブルクに、続いて音楽の都ウィーンにも見捨てられたモーツァルトは、一七七七年二二歳の秋に、新天地を求めて母親と共に遠くパリへ旅立ちますが、その旅行中に彼が図らずも遭遇したものは、一つは本意に反して不首尾に終った青春の熱い情熱「恋」の初経験であり、もう一つは皮肉にもその炎の真っ只中で彼を襲った最愛の母親との「永遠の別離」でありました。それらは確かに耐え難い不幸な出来事ではありましたが、キリスト教的な見方をすれば、それらは彼の魂の発展の為に神がわざわざ与えられたもの、つまり「神の摂理」であったかも知れませんし、実存主義的な見方をすれば、それらは彼にとり人生最初の「不条理の啓示」であったかも知れません。彼はそれらを体験することによって否応なしに「孤独」を痛感せざるを得なかったでしょうし、その「孤独」の認識を介して「愛」とは何か？　「生」とは何か？　を自問し始めたに違いありませんから。「孤独」……それは何という空疎にして冷たい感触を持った言葉でありましょう。その来訪を願う者はなく誰しも出来るならば、それとの邂逅は永遠に避けたいと願うでありましょうし、「孤独」の窮極のものたる「死」は人間にとり最大の恐怖であります。モーツァルトもその点では決して例外ではなく、母の死について父に宛てた手紙の中で次の様に書き残しています。

ご承知の様に僕はまだ人の死ぬのを一度も見たことがありません。（そうありたいと願っていたのですが）だのに初めて見る死が他ならぬ母のそれとは、この瞬間、僕は今までにない不安を感じ……。

確かに人情として、「孤独」まして「死」を回避する気持は自然の理《ことわり》と言えましょう。然し、長い人生、広い交わりにおいて、「孤独」との邂逅を回避しとおせるものでありましょうか。「孤独」とは、それと気付かぬうちにいつの間にか胸中深く忍び込んでいるもの、或いは思わぬ所で痛いほど思い知らされるもの、そのようなものではありませんでしょうか。一度この世に生を受けたからは早晩まみえねばならないものと思います。まして「孤独」とは、「愛」と正反対のものの様に見えて実は「真の愛」の母体ともなり得ること、例えて言えば、恋愛にしても友情にしても、そのあるべき姿に気付くのは得てしてそれらを失った時であることを思えば、それは決して回避さるべきものではなく、飽く迄直視さるべきものと考えます。然らば人は誰でも、「孤独」に耐えそれを超えるものを、その身の毛も弥立《よだ》つ深淵を前にして、唯一人模索しなければなりません。とまれ、作品の上には、それまで姿を現わさなかった彼の天性の旺盛なる懐疑的精神が、漸くこのパリ旅行を契機として顕在化する様に思われてなりません。この時期の作品に初めて、美しいけれども紛れもない翳《かげ》りを見せ始めるからであります（K三〇四、K三一〇、K三一六）。それは夜空を走る流星の様に一瞬の交錯《こうさく》ではありますが、明晰《めいせき》にして透徹《とうてつ》せる「暗い情念＝懐疑」の投影以外の何物でもありません。

やがて、ロココ風の優雅な佇《たたず》まい、にこやかな微笑みの陰に、不条理を超えて彼岸を希求するイデアリスト・モーツァルトの言いようのない深い哀しみが、……敢えて例えれば、余りにも青く澄んでいるが故に、却って哀しさを誘う南国の青空の「哀しみ」が感じられる様になります。それは単なる涙もろい感傷ではなく、飽く迄理性的精神に基づく魂の孤独な苦悶であり、然も徹頭徹尾、明晰であることを止めません。「孤独」を噛み締め、「死」を垣間《かいま》見る機会をモーツァルトトに与えたパリ旅行は彼の後半生を決定づけたと言っても過言ではないほど、極めて重要な意義を持つ出来事であったと考えます。

海辺に、荒涼たる夜の海辺に、若者がひとり佇んでいる。
胸は憂愁に満ち、頭は懐疑に閉ざされ、暗い口調で彼は波に問う。
「人生の謎を解いてくれ、恐ろしく古いこの謎を。
………（中略）…………
波よ、教えてくれ、人間とは一体何だ
人間はどこから来てどこへいくのか。
あの天空の金色の星には誰が住んでいるのか。」
波は永遠にざわめき、風が吹き、雲が去来する。
星は無関心に冷たく輝き、愚者は答えを待っている。

（ハイネ『歌の本』より）

＊＊＊＊＊

それでは次に彼のいわゆる「晩年期」の音楽に移ることにしましょう。彼の生涯は正確に言えば、三十五年と十ヶ月でした。このような短い生涯のいかに最後期に対してにしろ、「晩年」と呼ぶにはその言葉の持つ響きは何かそぐわないものを感じさせます。然し、機械である時計の営みとは異なり、総ての人間が同じ一日を持つ訳ではなく、時間と成果の関係は夫々の能力と努力に応じて千差万別であります。

「晩年」とは年齢に関係なく、「孤独」の深淵を見つめた時、つまり「死」を意識した時から始まるものと考えます。母親の死を旅先であるパリの仮寓において血族として唯一人、不安と憂慮のうちに見守った時、既にそれを垣間見た筈であります。然し、その時はまだ見詰めてはいなかったのです。彼が初めて忍び寄る死の足音を身近に聞き、死の予感を自己の体内に感じたのは、一七八五年（三十歳）の秋であったと想像されます。

彼自身も属していた「フリーメーソン」の同志であり敬愛もしていたメクレンブルク公、エステルハーツィ伯が相次いで世を去ったこの秋に、鋭く研ぎ澄まされた直観力の持ち主であったモーツァルトは、間違いなく自己の死を意識し始めたと思います。更に翌一七八六年には三男を生後一ヶ月にして失い、翌々一七八七年には唯一人の肉親であった父親にも死別します。更に続いて同年輩の友人達・ハッツフェルト、ハフナー、パリザーニが次々と世を去ります。この時モーツァルトはその深淵の最も深いところを見詰めていたに違いないと思います。

この晩年期の作品［Ｋ四八一（一七八五）、Ｋ四九一・Ｋ五〇四（一七八六）、Ｋ五一五・Ｋ五一六・Ｋ五二六（一七八七）、Ｋ五四三・Ｋ五五〇・Ｋ五五一（一七八八）］における想念のダイナミズムは生涯最大の振幅に達し、哀切・悲痛さの度合いを益々増して行く一方、激しく彼岸の世界を希求します。そこに見出される想念の多様さ、深さは彼の魂がまさしく「偉大なる魂」に成長したことを何よりも明白に物語っております。

短調の作品における渦巻くような暗く悪魔的な情念（不安・懐疑・絶望）と、尋常ならざる速さで疾走する清冽《せいれつ》な哀感（哀愁・孤独感）は息詰まるような劇的緊張度をいやが上にも高めますが、それは「虚無との血みどろの孤独な闘い」（懐疑の煉獄）であり、ニーチェの言う「ニヒリズムに浸された最高度の形而上的反抗」以外の何物でもないと思います。

一方、長調の作品においては、デーモン（悪魔）の魔手を決然と拒み、神の求めに従うべきこと、そして神と共にあることの至福を高らかに歌います。我々はそれに接する時、彼の確信に満ちた軽い足どりを聞く思いが、そして又、睫《まつげ》の濃いどこか憂いを含んだ彼の瞳が一瞬ではありますが快心の笑みを洩らすのを見る思いがします。

わが心定まれり。神よ、わが心定まれり。
われ歌いまつらん、たたえまつらん。
わが栄えよ、さめよ。箏よ、琴よ、さめよ。
われ、しののめを呼びさまさん。

（旧約聖書・詩篇五十七より）

さて、いよいよ彼の生涯の最後の数年、いわば「最晩年」とも言うべき時期に移ることにしましょう。この時期においては、それに先行する数年において、その極限に達したところの、戦慄を覚えさせる迄に激しい「想念」と心奥に染み透るような「哀感」の交錯はすっかり影を潜め、代わって山間の湖の佇まいにも似た静謐《せいひつ》な世界を現出させますが、果たしてそれは彼の最終命題たる「生の意義」の確立を意味するものでしょうか。時間的には短かったが精神的には充実したその生涯において、その真の意義を見出し得たのでしょうか。

この最晩年期の一連の傑作［K五七〇・K五七六・K五八一（一七八九）、K五九三（一七九〇）、K五九五・K六一四・K六二二（一七九一）］を特徴づけるところの、解脱の境地にあるように思わせ乍ら、どこか生への未練を拭い切れない「アレグロ」、そして恰も心の懊悩《おうのう》を重い足どりで喘《あえ》ぐ様に歌う「アダージョ」はそういった疑問を抱かしめずにはおきません。

死は（厳密にとれば）僕らの生の本当の最終目標ですから僕はこの数年来この人間の実の最上の友と大変仲良しになってしまったので、死の姿を見ても少しも恐ろしいと思わないどころか、むしろ大いに心を安んじ慰めてくれるものと考えています。そうして僕は死が我々の真の幸福への鍵であることを知る機会を与えて下さったことを神に感謝しています。僕はいつもベッドにつく度にひょっとすると自分は明日はもういなくなっているかも知れないと考えないことはありません。

（父宛ての手紙より）

この彼自身の手紙（一七八七年四月付け）からも明白な様に、彼は確かに一種の悟りの境地には入りました。そして一時的にせよ、死の恐怖を取り払い死に慣れ親しむことは出来ました。（この浄化の極地のような心境は諦念に特異な親近感を抱く日本人の目には最高の境地と映るかもしれませんが）然し乍ら、彼が言う様に「死」は本当に生の最終目標でしょうか。それは確かに、物理的には最終目標です。然し、精神的には最終目標どころか、孤独同様、飽く迄乗り越えらるべきものと考えます。「死」を生の最終目標と考えたところに、否、突き詰めて言うならば、そう考えざるを得なかったところに彼の本当の不幸があったのだと言えましょう。この矛盾・撞着が最晩年期に至り彼を抜き差しならぬ泥沼……挫折に導くことになります。然も不幸なことに、世の挫折者の常として彼も、その挫折の原因には思い至っておりません。一七九〇年から死の年である一七九一年にかけて妻や友人宛てに書かれた次の数通の手紙がそういった彼の最晩年の状況を如実に伝えております。

おまえのところへ帰れると思って子供みたいにはしゃいでいる。僕の心の中は他人に見られたら恥かしいくらいだ。僕には万事が冷たい。氷の様に冷たい。……

おまえが行って以来どんなに僕が時間を長く感じているかおまえにはとても分るまい。僕の感じはとても説明できない。何というか実に空っぽなのだ。それで実につらい。何かの憧れはあるんだが、決して満足させられず、従って止む時もない。いつまでも続いていて、日一日と大きくなる。……

時にふれ、私はもう自分の終りの鐘が鳴っているなとふっと気付かせられるような感じがします。私は息も絶え絶《ただ》えです。自分の才能を楽しむ前に死んでしまうのです。ですが、生きるということは、実に美しいことでしたし、これほど、多幸な前兆を見れば、運も開けて行ったことでしょう。然し、自分の天命を勝手に変える訳にはゆきません。誰も自分の命数を計るものはなく、ただ諦めねばなりません。……

バッハ、ベートーヴェン、ワーグナー、ブルックナー、ブラームス、マーラー等いずれ劣らぬ精神派作曲家の誰に比べても、その精神的境地と年齢の関係において断然勝るモーツァルトにして、それでは何ゆえに挫折してしまったのでしょうか。勿論、大天才の偉大な魂の内奥で生起したこの出来事の原因を軽々には推定できませんが、私はかなりの確信をもって、それは彼の志向した「愛の精神」における「跛行性《はこうせい》」に基因するものと考えます。「愛」とは他者と生を共にしようとする衝動的・意志的な働きの総称ですが、質的差異に基づいて分類するならば、それは古代ギリシャ時代のヘレニズムに源を発するところの上昇的にして、価値あるものに対する自己中心的な愛たる「エロースの愛」と、ヘブライズムに端を発しイエス・キリストによって史上初めてご自身自らの全き実践……即ち十字架上の犠牲死を伴って説かれたところの下降的にして価値なきものに対する自己投与の愛たる「アガペーの愛」という全く異質な二つの愛に分類することができます。

モーツァルトは程度の差こそあれ、終生天上の魂を求めて止みませんでした。それは自己の魂を天上のイデアの世界のレベルにまで引き上げようとする上昇的な価値あるものに対する自己中心的な愛の働き、つまり「エロースの愛」でした。そしてそれはひとつ音楽上のみに止まらず、実生活上にも及んでおり、彼の価値観はそれを基盤として形成されていたことはまず間違いありません。若き日の父宛ての手紙の中には旺盛なるエロース的愛のみならず、時としてその化身とも言うべきアウトサイダー意識も顔を覗けます。「エロースの愛」は総てが総て排斥さるべきものばかりではなく、知的・精神的向上の為にはなくてはならぬものも含まれていますが、ややもすればその対象の価値の高さの故にそれの持つ最大の悪弊たるエゴを蔽《おお》い隠してしまいます。神ならぬ人間がたとえ如何に優れ強かろうとも、徹頭徹尾価値なきものに対する無償の愛に生きることは出来ないと同時に、またそう生きるべきでもありませんが、だからと言って、価値あるものに対する打算的な愛にのみ生きて良いことにはなりません。人間はいかなる場合にも（とりわけ、分業・専業化が徹底した現代社会にあっては尚更）一人では決して生きては行けず、絶対的に他者との交わり、係わりの中に生きざるを得ませんが、その時もエロースの愛に生きる場合は対象に価値があるか行為者にとって利益がなければそれらは成り立たないことになります。然し、愛とはかように狭量で利己的な行為ばかりで良いのでしょうか。そこでは劣れる者、弱き者は永遠に救われることはありません。これが果たして神のご意志に叶う愛のあるべき姿でしょうか。言うまでもなく断じてそうではありません。神ご自身の全き無償の愛に導かれて、強きから弱きにも、また優れた者から劣った者にも、そしてまた持てる者から持たざる者にも、時と場合（出会い）に応じて、愛は等しく可能でなければなりません。しこうしてこそ初めて、真の連帯たる、M・ブーバーの言う「我と汝」の関係……即ち、窮極の「生の意義」が認識されるものと思います。

また晩年の孤独の凝視はその窮極たる「死」の恐怖からは解放しましたが、精々が死への同化に止まり、それを超えるまでには至りませんでした。然し、孤独の凝視は本来孤独や死を越えるもの、即ち真にして強靭《きょうじん》な愛を培う為の手段ではなかったでしょうか。にも拘らず、孤独や死に同化してしまったということは手段が目的になってしまったことを意味します。その境地が如何に高く、また澄んでいようともそれは孤独や死に対する愛の敗北です。そしてそれは彼の志向した愛、つまりエロースの愛の限界でもありました。

孤独の凝視《ぎょうし》が「自らの孤独への下降」を通して愛の不毛の地「魂の枯渇《こかつ》」に導く時、その深淵から脱出する為には千々に砕け傷ついた魂と共に唯ひとり神の前に跪《ひざまず》き、神と自己の魂の合一を祈らなければなりませんが、その時「神の愛」たる「アガペーの愛」に対する認識を欠き、また抗してもそれに生きようとする意志を欠くならば、凡そ不可能なことであります。愛を求め乍らも「エロースの愛」に止まる限り、早晩迎えねばならなかった終局であったと言えましょう。愛のあるべき姿から言っても、また愛が孤独や死を超える真の生の目的となる為にも、人間の本能的な愛たる「エロースの愛」だけでなく、それと正反対の神の愛たる「アガペーの愛」をも併せ持つ必要があったのだと考えます。

生きた時代や分野は異なれモーツァルトの魂との酷似性が認められる二人の傑出した人物……B・パスカル（仏人・哲学者）とT・E・ローレンス（通称、アラビアのローレンス）の生涯を想起する時、そのことが裏付けられる様に思います。即ち前者は若年の旺盛にして全面的なエロース的愛を篤《あつ》い信仰の下に取捨選択しつつ、漸次アガペー的愛の領域を拡大し、エロース的愛とアガペー的愛の共存体「カリタス」の中に短かったが真に充実した生を全うしたのに対し、後者は卓抜した才能と類い稀な行動力に恵まれ乍らもエロース的愛に止まった為に、青年期の華々しい経歴にも拘らず後年挫折への道を辿り、ついには不遇のうちに不慮の死を遂げることとなります。

＊＊＊＊＊

終わりに臨み、モーツァルトの生涯全体を見渡して見る時、古今の数多くの作曲家の中で彼ほど、偶然即ち「状況」というものに翻弄《ほんろう》された人はなかった様に思われてなりません。モーツァルトはバッハの如く不屈の精神力で以って「状況」に孤高を保つでもなく、またベートーヴェンの様に不屈の闘争心で以って「状況」を打破・克服するでもなく、感じ易く傷つき易い魂で以って自己にとり好ましいものであれ、好ましくないものであれ、「状況」の前には些《いささ》かも逆らわず、「状況」という不条理の世界を漂泊した人でした。彼の最晩年の心境は不条理の文学者＝A・カミユが創造した人物・ムルソー（『異邦人』の主人公。本当は同じ著者のもう一つの傑作『ペスト』の主人公と言いたいところなのですが、それほどの力強さも認められませんので）のそれに近かったのではないでしょうか。一方（モーツァルト）は南欧の澄んだ青空と明るい太陽に憧れつつ、醒めた精神で真摯に人生を問い乍ら現実生活では不条理という巨大にして頑強な壁にぶつかり悪戦苦闘の末（各曲一、二、三楽章）、それでもなお力弱くながら彼岸を乞い願い乍ら生き（同終楽章）、他方（ムルソー）は北アフリカの乾いた空とぎらぎらした灼熱の太陽の下で倦怠と無関心のうちに終始「状況」に流されて生きたかの違いはあったとしても、畢竟《ひっきょう》「状況」の前には漂泊・挫折の人であった点において変わりはない様に思われます。もし私のこの仮説が正しければ、モーツァルトの魂は現代の哲学とも最後の哲学とも称される「不条理の哲学・実存主義哲学」（それは今日ほど強大且つ冷酷無比になったことはない「状況」とのぎりぎりの形而上的対決の体系と言われる）との近似性を持つことを意味します。

然し乍ら、たとえモーツァルトが挫折の人であったとしても、その音楽の持つ価値は些かも減ずる訳ではありません。孤独な中に懐疑に閉ざされ乍らも、飽く迄明晰に生の意義を模索し続けた彼は、挫折したとしないとに拘らず、古来の数多《あまた》の作曲家の中で「懐疑」を杖とした点においてマーラーと共に稀有な魂である上に、「明晰性」即ち「アポロ的性格」の故に比類なき存在であります。

そして、むしろ挫折の人であったが故にその音楽は一層意義深いとも言えましょう。何となれば、生の意義を見出すこと自体、いつの世でもそうですが、殊に混沌たる現代にあっては誰にとっても至難の業《わざ》である上に、たとえ一度漸くの思いで見出し得たとしても、それがいつまでも確固として存続する訳でもなく、掌に握り締めた砂の如く、しっかり掴んだ積りでも、何時《いつ》の間にかざらざらと毀《こぼ》れ落ちてしまう。そのような不確実なものだからです。人間は傷つき易く微風にも喘ぐ弱き葦であってみれば、彼の音楽に慰められるところいかばかりでありましょう。ゲーテが「人類は絶えず進歩するが人は常に同一である」と言った様に、事物のあらゆる変化と人類の目覚しい進歩との間に立って常に変わらない人にその音楽は関係しているのです。
「生」と「死」との谷間にあって、「愛」の中に「孤独」を見詰め、「孤独」の中に「愛」を歌ったこの稀有な人物の哲学ほど、枯渇することなき不朽の哲学は他になく、それが音楽という極めて抽象的な伝達手段で語られているが故に尚更そこには生きとし生けるものの無限の救いとなり得る可能性が秘められています。一般的には馴染みの薄い彼の最晩年の音楽も、「生」を真剣に考える人には極めて身近な響きに聞こえる筈であります。

神の求めたもう祭物《そなえもの》は、砕けたる霊魂《たましい》なり。
神よ、汝は砕けたる悔いし心を、藐《かろ》しめたもうまじ。

（旧約聖書・詩篇五十一より）

（完）

［初出一九七五・九・一　関西音楽学研究所機関誌「楽美」］

二　演奏家論

「フルトヴェングラーに倣《なら》いて」

一、序論

芸術というものはそれが如何に優れたものであれ、作者がその作品の中に盛り込んだ彼の感覚・感情・意思・精神といったようなものを鑑賞者が熱い共感をもって追体験できて初めて鑑賞者にとり意味を持つに至る。言い換えれば、まず初めに芸術作品そのものが優れたものであることを要するが、その場合にも鑑賞者がそれをそうと認識できないならば、当然のこと乍らその芸術作品は鑑賞者にとって些かの意味も持ち得ない。

如何に有益な書物と言えどもその価値の半分は読者が創るものだ。

（ヴォルテール）

次に、音楽にあっては演劇と同様に、作品と聴衆との間に再現者つまり演奏家という媒体（ベクトル）が介在するが、たとえ作品と聴衆に如何に恵まれていようとも、両者のパイプ役たる演奏家に恵まれなければ……つまり、熱い感動に浸された全き理解をもって作品を再現しうる能力を持つ演奏家に恵まれなければ……作品は本当に血が通って甦《よみがえ》ったとは言い難いのである。

作品に生命を賦与する真の意味の解釈をなしうる人は極めて少ない。

（フルトヴェングラー）

そして詰まるところ、演奏家が優れた作品を選び出し、その真髄を聴衆に的確に伝えることが出来るかどうかも、また聴衆が優れた作品と共にその優れた演奏をそうと識別できるかどうかも総て鑑識力の問題である。現代は今までの如何なる時代にも増して作曲家並びにその作品の研究が進み、国の内外を問わず数多《あまた》の名演奏家の実演に接する機会も多く、古今の名曲のそれら名演奏家によるレコード（ＣＤ）も容易に手に入る大変恵まれた時代ではある。然し、演奏家は果して真に優れた作品を取り上げ且つその作品の精神を余すところなく再現しており、他方聴衆も、作品の真髄と演奏の優劣を正しく認識し識別しているであろうか？　遺憾乍らいずれにも然りとは答え難いのではあるまいか？

偉大な音楽のインフレーションとも言うべき事態が始まった。人々はまだこのことに左程《さほど》はっきりとは気付いていないが遠からずして誰の目にも明白になるであろう。

（フルトヴェングラー）

一般に名曲と呼ばれているものの中にも、たとえ人気は高かろうとも価値的には低いものも含まれており、演奏に関しても実演とレコード（ＣＤ）とを問わず同様のことが言えるが、いやしくも音楽を慰めの域に止めず、精神的糧として聴こうとするなら、鑑賞者はまず自己の確固たる音楽的価値体系を確立しなければならず、ついでそれに則って価値高き作品並びに演奏家を厳選し、狭く深く理解するよう努力しなければならない。

狭き門より入れ。滅びに至る門は大きく、その路は広く、此れより入る者多し。
生命に至る門は狭く、その路は細く、此れを見出す者少なし。

（新約聖書・マタイ福音書）

フルトヴェングラーが第二次世界大戦の最中《さなか》、ドイツにあってはかの悪名高いナチスの執拗《しつよう》な干渉や弾圧に屈することなく、他方自由世界からは本意ならずナチスに協力したと曲解され攻撃され乍らも、ドイツを愛し信頼し続け幾多の艱難辛苦にも耐え、ついに終戦の日までドイツ圏を離れなかったのは何故か？　それはあらゆる音楽の中で最も価値高いものはドイツ人の手になったのだという認識とそれを何処《どこ》の国の人たちにも増して良く理解してくれる聴衆はこれまたドイツ人なのだという確信からであった。然し、かくまで愛し、信頼して疑わなかったドイツ人ですらが彼の晩年には彼をして次の如く嘆かしめたほどの変わりようであったのだ。

いま絶対的に欠けているのは……とにかくドイツの大部分の地方についてそういうこと

が言えるのだが……私の意とするところを汲《く》み取ってくれる水準の高い聴衆である。私は次第に荒野に叫ぶ人の心境に近くなった。

フルトヴェングラー没後二十年余経った今日、まして音楽に関し元々ドイツのようなシリアスな土壌を持たない日本においては殊のほか、その危機性は増していると言わざるを得まい。今日世界的に見られる音楽上の危機的症状を慧眼《けいがん》にも既に数十年前に予見し警告したフルトヴェングラーの諸著作並びに最近出版された書簡集を跡付け纏めることによって私なりにそれを発展させて見たいと思うのである。

二、価値高き音楽とは？（音楽における本質的なものとは？）

音楽について考える時、演歌も音楽である、ジャズも音楽である、そしてフォークもニュー・ミュージックも音楽であるという音楽範疇論と、それらをも含む多数の音楽の中で何が最も価値が高いかという音楽価値論とははっきり区別して掛からなければならない。範疇論で音楽を定義すれば、リズム、メロディー、ハーモニーといういわゆる音楽の三要素を含むものであれば如何なるものであれそれは音楽と言い得るであろう。演歌も、ジャズも、そしてフォークもニュー・ミュージックも音楽であることを認めるに吝《やぶさ》かではない。然し、それらが価値論的に数多の音楽の中で高位を占めるものとは到底考えられないだけのことである。何故か？　それに答える為には音楽的価値そのものについての説明を要するが、一体音楽的価値とは何によってきまるのであろうか？　一口で説明することは非常に難しいが、敢えて粗略の誹《そし》りを覚悟で要約すれば、その音楽作品がそれに接する者の精神形成に如何《いか》ほど係わったか、或いは生そのもの＝実在に如何に係わったかというその係わりの度合いに応じて決まると考える。混沌たる世相を反映して、芸術観も多様化し、極端な場合、芸術遊戯論まで罷《まか》り通る昨今ゆえ真剣に真の音楽とは何か、価値高き音楽とは何かを問おうとはせず、安易に恣意《しい》の世界に遊ぼうとする者が多いが、逆にそういう世なればこそ、仮にも音楽の最も生命力に溢れた偉大なるものに出会わんと欲するなら、はたまた音楽に真の拠り所を求めんとするなら、是非ともこの〈狭き門〉から踏み入らねばならないと思うのである。この〈狭き門〉こそいわゆるドイツ・クラシックに他ならない。

音楽作品という芸術作品も畢竟《ひっきょう》人間の意識活動の結果であるからには、その価値体系と一致しなければならない。デカルトの分類に従えば、それは低次から高次へ、一、感覚的レベル　二、感情的レベル　三、知的レベル　四、意志的・精神的レベルという四段階に分類することが出来る。音楽行為とは一言で言えば、音による美の追求だが、当然のこと乍ら、演奏者が如何に優れていようと聴衆に伝えうるものは、感覚的レベルの音楽作品からは感覚的レベルのものしか、また感情的レベルの音楽作品からは感情的レベルまでのものしか、そして知的レベルの音楽作品からは知的レベルまでのものしか可能ではなく、至高の価値レベルたる意志的・精神的レベルのものは音楽作品自体が意志的・精神的作品たることを要するのである。三番目までの価値レベルしか持ち合わせないものがいわゆるイタリア音楽やフランス音楽等であり、四番目までの総ての価値レベルをカバーしているのが（総てが総てではないが）いわゆるドイツ音楽なのである。極論するなら、三番目までの美しさも大切な条件ではある。従って、無論それらを併せ持っていることに越したことはないが、なくてはならない条件ではないと考える。むしろ逆にその音楽が意志的・精神的世界に導くものであるなら、三番目までの美は必ずしも必要とは思わない。また美とは単に感覚的に美しいものだけではない。楽の音が聴く者の琴線に触れ、それが聴衆の多様な生を通じて培った感覚、知識、精神の総てを刺激し、一つの総合結果として感動に導くものが美なのである。従って、感覚的には美しくなくとも精神に訴える力が強く、それでもって聴く者を感動させる音楽はやはり美しいと言えるのである。フルトヴェングラーの次の言葉はまさに至言と思う。「精神なき官能はありえても、官能なき精神……有機的なるものの生き生きとした根を持たない精神……はない。」ここまで述べて来れば、賢明な読者諸氏にはもう容易に察して頂けると思うが、畢竟「（価値高き）音楽とは人間の表現以外の何物でもなく、それが証しするものは一個の人間の本質であって唯単に神経や観察の鋭さ、論理の峻厳、冷徹、誠実さ、感覚の細やかさや鋭敏さだけに止まらない」（フルトヴェングラー）のである。

卑近な例を一、二挙げれば、衣擦《きぬず》れの音までも表現できようかという演奏技術に掛けては当代随一と謳《うた》われたベルリン・フィルを駆使して感覚的な美的表現の粋を凝らすH・v・カラヤンの世界がこの方向としてはたとえ最高であろうとも、同じベルリン・フィルを振り乍ら努めて感覚的な美しさを避け厳しい精神的世界を志向するK・ベームの世界に比し価値的に低次元にあることは否めぬところであろう。独墺《どくおう》系の作曲家のものなら誰のものについても言えるが比較し易い例となれば、W・A・モーツァルトの後期交響曲六曲のいずれか一つでも聴き比べて見て欲しい。聴く耳を持つ人が注意深く聴かれるならそこに歴然たる価値的差異を確認される筈である。そのK・ベームの方向を一層スケール大きく且つ深く掘り下げた感のあるフルトヴェングラーの世界ともなれば尚更のことである。彼の十八番であったベートーヴェンの交響曲のいずれか一つ（出来れば奇数番）を聴いて見て欲しい。聴き分ける耳……いや心を持つ人なら古い貧しい音（録音が古いから致し方ない）を通してでも、彼の溢れんばかりの情熱と深い精神性は聴き分けられる筈である。指揮者として全人格的に彼と比肩できる人はB・ワルターあるのみではなかろうか。又、モーツァルト弾きとして名高いオーストリア生まれの女流ピアニスト、L・クラウスが「どんなに技術が優秀で、尚且つ精神的に深くとも一回限りの演奏における即興のない人を私は最高の芸術家とは呼ばない」と言っているが、私はむしろこれを捩《もじ》って「どんなに技術が優秀で尚且つ美的に洗練されていようとも、はたまた絶妙の即興があろうとも、その演奏に精神性のない人を最高の芸術家とは呼ばない」と言いたい。

かく論ずれば、芸術とはそのような理屈づくめのものではないと反論されるかも知れないが、くどいようだが芸術も畢竟人間の精神活動の一つであるからには人間にとっての価値即ち人間の精神の伸長にとっての有用性を離れて論じられてもそれは全く意味を持たないと思う。精神性は低いけれども芸術性は高いなどという音楽は……厳密な意味でそういう音楽は存在しないと思うが、つまり精神性が低ければ芸術性も低い筈だし芸術性が高ければ精神性もまた高い筈だから。然し仮にそういう音楽があったとして……それは音楽価値論的には極めて存在価値が乏しい。以上で音楽の本質的なものについての論述を終え、次にうっかりしているとこれと取り違える危険性のある、言わば似て非なるものについて論及したい。

二―一、素材的なものと本質的なもの

音楽作品にしろ演奏にしろ、私たちがそれらを評価する際には素材的なものと本質的なものとを厳密に区別して掛からなければならない。今日作品にしろ演奏にしろ素材的な新しさが余りにも重要視されている嫌いはなかろうか？　素材的な新しさも……それは必ずしも必要ではないがあっても勿論悪くはない……本質たる精神性を欠いては意味はなく、逆に精神性があれば素材的な新規性はあってもなくってもどっちでも良いことではなかろうか？　三大楽聖の誰一人をとって見ても素材的な新規性は余り顕著ではない。新規性が必要なのはむしろ素材についてではなくて本質たる精神についてでなければならない。にも拘らず、今日の現象は全く逆である。フルトヴェングラーの次の指摘はまさに正鵠《せいこく》を射ていると思う。

私たちは今日音楽の前景でしかない素材によって催眠術をかけられている。素材以外のものは眼に入らずこの点での進歩・発展こそが不可欠だと思っている。実際には進歩・発展ということは精神の問題以外の何物でもない筈だのに……。

ヨーロッパ音楽をかくも偉大なものにした、あの有機的な音楽の心を彼（ストラビンスキー）に求めても徒労に終わる。然し又その故にこそ彼は非有機的な感受性の現代にあってあれだけの指導的な位置に登り得たのかも知れない。

彼（ストラビンスキー）の独創性は歴然たるものがあるが、その実際の精神的意義となれば過大評価も極まれりの感がある。

十二音音楽を作る努力は総てそれが如何に知的で考え抜かれたものであるにせよ、試験管の真空の中で行なわれる実験にも比すべきものだということである。これらの努力が妥協を許さぬ誠実なものであることは充分に評価するが、人間が……とは取りも直さず現実の全き感性を有する生命はということにもなるが……この世に生存するのは唯単に妥協を知らぬ誠実さだけの為ではないと思うのである。

二―二、歴史性と本質性

凡そ芸術の営みには互いに拮抗《きっこう》しそれのみか時には排斥し合う二つの異なる傾向が支配している。即ち歴史的傾向と本質的傾向である。フルトヴェングラーはかつての師であり音楽史学者でもあるW・リーツラーに宛てた手紙の中で次の様に主張している。

芸術史の全時代を同列に置いてどの時代にせよ特定の一時代をひときわ高い峰とする考え方を拒否することは大層奇妙な心理的事実をその中に潜めていることを私は知っています。即ちそれをおのれ自身の放棄という事実です。

これはリーツラーに天才の一回性に対する洞察力が欠如していることを指摘したものであり、フルトヴェングラーに言わせれば天才は到底各時代の芸術様式にぴったりと組み入れることの出来ないものなのである。「フルトヴェングラーからすれば、リーツラーの『歴史的芸術観』はなにか決定的なものを見逃しているように思われた。換言すれば、そのときどきの傾向は根本的なものではなく、芸術作品をそういうものによって評価すべきではない。一個の作品がその時代の支配的な傾向と全く相容れない場合でも、それとは独立して、作品そのものの真実と力とがものを言うべきはずである。この意味において、古代から現代にいたるまでさまざまの思潮・傾向はうたかたのごとくに浮かんでは消えて行ったが、個々の作品はたまたま流行の中にあると否とを問わず、もともと不滅なものであったというのがフルトヴェングラーの考え方であった。これに対しリーツラーにとって問題であったのは偉大な芸術家たちの何人かを時代思潮の流れのなかに正しく位置付けようということだったようだ。その作品は時代を越えていても、それぞれに時代の子である彼らは時代精神の恩恵を蒙っているはずだからである。歴史家である彼の目から見れば、重きをなすべきは『発展の法則』であって、これに拠って見る限り、彼は『どこかに絶対的な高峰を仰ぎ見たり、あるいは特定の時期のみを唯一の考慮に値する《本来の》音楽の時代と見なす』ことができなかった」(『フルトヴェングラーの手紙』編者註より)。歴史的観点に立脚する価値体系と天才的個人の唯一無比なるものに中心を置くそれとは所詮水と油の様に相容れないものかも知れないが、フルトヴェングラーは如何に天才と言えども意識するとしないとに拘らず大なり小なりその属する時代の精神や傾向や風潮の影響はうけているであろうが、受けた受けないに関係なく、また受けた度合いが大きい小さいにも関係なく、それとは全く別の価値……つまり歴史性から完全に独立した万古不変の本質的な価値というものが偉大なる芸術家には存在するのだということを言いたかったのである。

三、音楽行為と人生体験

フルトヴェングラーの芸術を語る時、彼の最も脂の乗り切った時期に不幸にしてその渦中にまきこまれた第二次世界大戦下のドイツにおける彼の苦闘に触れなければ画龍点睛を欠くことになろう。魂や立場こそ異なれ、B・ワルターと共に一つの悲劇としての戦争がその音楽行為に与えた影響は測り知れないものがあるからである。大戦下それもまさに最中《さなか》における彼の凄まじいばかりの苦闘振りを今日に伝える貴重なレコーディングが残されている。それはひとりフルトヴェングラーのみならず、ドイツ・インテリゲンティア全体の苦悶と慟哭《どうこく》を伝えるものである。具体的に申し上げれば、それは連合国空軍の空襲に曝《さら》される首都・ベルリンにおいて一九四二年三月二二日に行なわれたベルリン・フィルとのベートーヴェンの第九交響曲演奏会の実況録音である。それは録音こそ良くないが、演奏の劇的なことにかけては数多《あまた》ある同曲レコード（CD）中ベストと定評のある彼自身による一九五〇年録音のバイロイト盤をも凌ぐ素晴らしいものである。私の所有するレコードのジャケットに音楽評論家・出谷啓氏の誠にもって感動的な註釈が掲載されているので、次に引用しよう。

一九四二年と言えば第二次世界大戦の最中であり、漸くナチス・ドイツに敗戦のかげが現われ始めた頃である。連日の様にドイツ各都市は連合軍の空襲に見舞われ、一般の市民は脅え憔悴《しょうすい》し切っていた。フルトヴェングラーはすでにナチスの不興を買い、中でも宣伝相のゲッベルスから嫌われていた。友人たちは彼に国外脱出を熱心に勧めたが、彼自身は頑として受け付けなかったと言う。それは自分が去ることはたやすいが残されたドイツの音楽ファンは一体どうなるのかという、彼独自のヒューマンな主義主張からであった。

そうした巨匠の心情は、この「第九」の異様な熱気に溢れた演奏を聴くと良く分かるのではなかろうか？　演奏のスタイルそのものは一九五〇年のバイロイト盤と大した違いはないかも知れない。だがこの非常体制化の「第九」には、バイロイト盤のあの澄み渡った喜びの感情は見られない。

第一楽章の猛烈に遅いテンポと再現部の冒頭に聴かれるティンパニーの轟き渡るような強打、そして再現部の終結あたりからのテンポが徐々に速まって来る劇的な迫力など、素晴らしい限りである。

第二楽章はまさに気違い踊りと言っていい荒れ方で居たたまれなくなって来るほどだ。一方、第三楽章は信じられないほどの遅いテンポでじっくりと歌い上げるが、弦の表情などまるですすり泣きの様に聞こえる。

そして、フィナーレのコーラスも断末魔の絶叫を聞くようで、思わず鳥肌だつ程の恐ろしさである。オーケストラのみのコーダでは目まぐるしくテンポが加速されるが凄まじい迫力で全曲が終わった後、聴き手の心から何か憑《つ》き物が落ちたような虚脱感を味わせるのではないだろうか。

恐らく、この当時のフルトヴェングラーは数百年に亘って築いて来たドイツの文化的な栄光が、音を立てて崩れ去るのを予見していたに違いない。戦争というものは人の気持ちを限りなくデスパレートさせるものだが、五十六歳の壮年だった彼も決して例外ではなかっただろう。彼はドイツ交響楽の最後の栄光を「第九」という作品を通じて讃歌として歌い上げたのである。多分フルトヴェングラーも一生を通して、これほど八方破れでがむしゃらな「第九」を演奏したことはなかったろう。彼は指揮棒を振り上げて、〈友よ、同胞よ〉と呼びかけることによって、ナチスに利用されそして捨てられたドイツ国民を励まし、その生命力を鼓舞しようとしたのである。

この「第九」は演奏として余りに生々しく力が込められているだけに、そう度々取り出して聴く気にはなれないかも知れない。それは単に音楽の素晴らしい演奏というだけでなく、一つの時代の音によるドキュメントという性格をこのレコードが持っているからだ。だがナチスの猛威の中でも、如何にドイツのインテリゲンティアは心で泣いていたことか。それを知るには、やはりこのレコードに耳を傾けねばならないだろう。

フルトヴェングラーは熟慮に熟慮を重ねた末、先にも触れたとおりナチスに蹂躙《じゅうりん》された祖国とは言えそれを見捨てるに忍びず、生命の危機に晒《さら》され乍らも怯《ひる》まず、ついに終戦の日までドイツ圏に止まったが彼が生命を賭けてまで祖国に執着した最大の理由は先にも述べたとおり、「あらゆる音楽の中で最も価値高きものたるドイツ音楽を何処の国の人々にもまして良く理解してくれる聴衆はドイツ人なのだ」との思いであった。そしてまたトスカニーニを筆頭とする海外逃避組が奴隷化された国と自由な国の双方で同時にタクトを振ることは許されないと考えたのに対して彼は芸術とは政治体制の彼岸にあるものと考えたのだった。然し理由や考えがどうであれファシズム体制化のドイツで指揮活動を続けたということ自体が人々に彼がナチスに協力したとの誤解を与えた。「あの頃としてはきわめて少数の人にしかできなかったことだが、ナチスに反抗し、これを憎悪し、しかもそれを示すのに沈黙のみに終始していたわけではない一人の人間に、攻撃的言辞を弄する一部ドイツ人がいることに、かえすがえすも恥ずかしい思いを禁じえないのである。こういう人たちはご存知ないのだろうか？　フルトヴェングラーが一九三五年になっても相変わらずベルリンで公然とメンデルスゾーン（ユダヤ系）を指揮したことを。ヒンデミットを擁護したことや、また人種的政治的に迫害されていた人々のためにいろいろと骨折ったケースが、百回や二百回ではきかなかったことを。またゲーリンクに枢密顧問官の職を憤然として突き返したことも、後には彼の全官職を投げ打ったことも。そしてまたヒットラーから多額の年金と邸宅と騎士領とを贈ろうと言われた時も、国民の窮乏を理由にこれを拒否したことも。揚句《あげく》の果てに、彼自身がヒムラーやゲシュタポから身を守るべく、スイスへ逃れなければならなかったそのことも」(『フルトヴェングラーの手紙』編者註より)。名門の家柄に生まれドイツから出ようと思えばいくらでも出られる手段と経済力を持っていた彼が頑として出ようとしなかったのは、繰り返すが同胞ドイツ人に対する信頼といくらドイツから逃げようと思っても逃げ出せない一般ドイツ国民に対する「愛」……彼らと運命を共にせんとする「連帯感」からであったと思われるのだが、不本意にもそういった彼の思いは内外を問わず心あるごく一部の人たちを除いて大半の人々には通じず、殊に同胞ドイツ人の多くに通じなかったことについては何とも悲憤やるかたない思いであったろうと察せられ、次の二通の手紙はそういった彼の心情が図らずも吐露《とろ》されたものと思う。

僕の本来の領域でかつて最も親しかった友人たちから誤解されているというこの気持、それを克服するにはまさに〈老人の叡智〉が必要です。僕はいま齢六十にしてこの叡智を身につけたいと願っているのです。……

(一九四六年一月二八日付　L・クルティウス宛て)

ドイツ人、特にナチス・ドイツと関係のあったドイツ人に対するユダヤ人の感情は全く無理のないことだと思います。然し私たち本国に踏みとどまったドイツ人の様に自国民から恐るべきやり方で抑圧され、脅迫され、揚句の果てに……多少とも合法的に……弾劾の対象にされようとしているのはもっとずっと恐ろしいことではないでしょうか？　ドイツに残ってそこで起こった一切の事件に対して、海外にいたドイツ人と少なくとも同じだけの嫌悪を感じていた人々の立場にどうして誰一人身を置いて見ようとしないのでしょうか？　そして彼らの為にドイツに踏み止まった人々がいた訳ですが、これらの人々はそれにすら値しなかったというのでしょうか。彼らは一体真のドイツ人ではなかったというのでしょうか？

（一九四九年一月二二日付　B・ワルター宛て）

彼はまたこの大戦を通じて人間の……とりわけ身辺の人たちの人間的な強さと弱さ、勇気と怯《きょう》懦《だ》、信頼と裏切りを嫌と言うほど見せ付けられもした。パンをさくまでキリストに従う者は多い。然し彼の受難の杯を飲むまで従う者は少ないのだ。その辺《あた》りの経緯を伝える手紙も残されているので次に引こう。

あの最悪の時期に僕を助けてくれた親切な人々にはやはり恵まれたと言わなくてはなりません。ただ職業・位階を同じゅうするような人々はその場に臨んであてにならないことが多かったり、或いは怯懦だったりで、幻滅であったことは事実で、然もこの幻滅の苦さは最早拭《ぬぐ》い去ることが出来ません。……

（前出L・クルティウス宛て）

基本的なところの了解からすっかりやり直さなければならない場合など手をつけるさえ億劫《おっくう》になります。それに反して互いに信じ合いこの困難な時代を手を取り合って生き抜いて来た少数の友人ほど有り難くも貴いものはありません。何よりもこういう国外で暮しているとそれを痛感致します。あらゆる魂の連帯感の凄まじいばかりの崩壊を現に体験するにつけてもその感を深くするばかりでした。私の舐《な》めた経験が余りに恐ろしいものでしたので、まるで怯《おび》えた子供の様になって貴兄やプレトリウスのような人から長いこと音沙汰がないと疑心暗鬼に取りつかれてしまうのです。……　（一九四六年七月一五日付　W・リーツラー宛て）

とまれ、戦中においては時の権力者たちの様々な懐柔・弾圧にも屈せず確固たる信念の下にドイツ圏内に留まり、戦後においてはそのことに対する世人の轟々たる非難にも強靭な精神力でもって耐え抜いたことが彼の演奏をB・ワルターのそれ同様、余人には真似の出来ない至高の価値あるものにしたのだ。フルトヴェングラーにしろワルターにしろ、元々類い稀な優れた魂に恵まれていたのであろうが、戦争というくらべるもののない災難・悲惨の真っ只中に巻き込まれ、これと苦闘したことがその稀有の魂を一段と巨大化させ比肩するもののない偉大なる魂としたのだ。フルトヴェングラーの後半生の生きざまはまさに彼が最も得意としたベートーヴェンのそれに酷似している。その〈類似性〉がベートーヴェンの作品に対する最高度の共感を生ましめたものと思う。彼のベートーヴェン……とりわけ奇数番号の交響曲を聴く時その感をいよいよ深くする。まさにドイツ精神主義の典型であり、一方においてスケールの雄大さ、魂の燃焼度の激しさにおいて圧倒される反面、その猛威や底力にはとてものことに抗し難い大自然の前に、人間の矮小さを噛み締めるが如き彼独特の寂寥《せきりょうかん》感や打ち震える繊細にして至純な魂に感動させられる。そういう比喩から容易に想像して頂けると思うが、その音楽の彫りの深さはまさに比類がない。それはまた、取りも直さず、彼の魂の偉大さ、巨大さと繊細さの共存を示すものでもある。

四、音楽行為における〈我と汝〉

フルトヴェングラーは「芸術とは非大衆的な事柄である。然し芸術は大衆に向って語り掛ける。」（「カレンダー」より）と言い、「人間が集団に属し自己を集団として感じている限り、彼はより高い特性を持たないし、またそれを必要ともしない。より高い特性とは飽く迄も個性に係わる事柄である」（同上）と言う一方で、「『人間的感動の大部分は人間の中にではなく、人と人の間にある』と言った彼は、音楽に限らず芸術一般が、そのはたらきかける対象たる『汝』を必要とすることを知っていた。創造の仕事そのものは、いかに孤独の深淵で営まれようとも、芸術家の意識までが他者と隔絶された密室になってしまってはならないことを痛切に感じていた。個人個人がその個人性を放棄することなく、なお他者とつながりうる可能性をフルトヴェングラーは信じていたかに思われる。王者の孤独と品格が民衆の暖かな心情と接し合う一点をこの人は求めていた。いや求めていただけではなくて、しばしば現実のものともしたのである。フルトヴェングラーの演奏会は滔々《とうとう》たる大衆化の潮流のなかに浮かぶ精神共同体という緑の島々だった。とどまるところを知らない大衆化現象の前に、個人の尊厳がもろくも壊滅せんとしている今日、音楽の領域でフルトヴェングラーの達成した理念は深く顧みられなくてはならない。」（『フルトヴェングラーの手紙』訳者あとがきより）。今日の演奏会で良く見掛けることだが、演奏家は楽譜に忠実と称して精神の一かけらもない、意味のない音の羅列を無機的に繰り広げ、専ら感覚面の効果や刺戟を与えることばかりにかかずらわり、聴衆はただ訳もなくそれらの演奏に拍手喝采するような低次元〈感覚的次元〉の接合とは凡そ意味がちがうのだ。確かにフルトヴェングラーの音楽も一見、いや一聴効果には富んでいる。大胆なクレッシェンドとアッチェレランドの結合、主題とその変奏に対応するアゴーギクそして大振幅のディナーミクの変化が多彩に織り成して一瞬の渋滞もないうねりを創り出す。フルトヴェングラーのあの雪崩《なだ》れ込むようなアッチェレランドや凄まじいばかりのクレッシェンドはいかに魂の奥底から出たものとは言え、何も分からない聴衆にさえ一つの感覚的な刺戟として働いたことは疑いを入れない。然るに、同じ様に精神的な指揮者と言ってもワルターやベームは徹頭徹尾地味で渋い。従って、レベルの高い聴衆……いわゆる玄人にしか分からないという一面があり（それはそれで立派なのだが）、M・ブーバーの言う〈我と汝〉の関係〈後述〉も主体的には作曲家との間でしか成立し得ない観がある。それに対して、フルトヴェングラーの場合は作曲家との間だけでなく聴衆との間にも成立させようとの強い意志があったのだ。この点が同じく精神的な指揮者の中で彼を特異な指揮者たらしめていると思う。フルトヴェングラーにとって楽曲を演奏することは常に〈創造〉であった。楽理的な楽曲の解釈ではなくて、そこには作曲家の創造の法悦が聴く者の身体に流れ伝わる様に創り出されているのだ。然しそのような再創造者としての意志や配慮がそのとおり正しく聴衆に伝わっていただろうか？　遺憾乍ら極めて疑わしいと言わざるを得ない。勿論、一部の心有る聴衆は理解していた。然し、大部分の聴衆は理解していなかったのだ。何となれば、表面的且つ無機的な演奏に拍手を贈ると同時に、最も精神的な演奏たるフルトヴェングラーの演奏にも同じ様に拍手を贈っていたのだから。非精神的な演奏に感動し乍ら、同時に精神的な演奏に感動することがあり得ようか？　あり得る筈がない。ここに彼の根源的な救い難い悲劇があったのだ。自分の時代はもう終わったのだという思いで一杯であったろう。「私は次第に荒野に叫ぶ人の心境に近くなった」と言った彼の言葉（前出）が万感胸を打つ思いで想起される。最晩年の彼はむしろ〈死〉を望んでいたと言われる。死の直前の演奏（一九五四年五月のルガーノにおけるモーツァルトのピアノ協奏曲二〇番や同年八月のルツェルンにおけるベートーヴェンの交響曲九番など）に接する時、それは単なる噂とは思えない。かつての溢れんばかりの情熱、聴く者を圧倒する迫力はもうない。暗く、重く、心底寂しそうである。六八歳での他界は多くの人々を悲しませたが、彼自身にとってはそうした絶望的な現実世界からの解放に他ならなかったのかも知れない。彼は大戦後の聴衆がすっかり代わってしまったことを何よりも嘆き悲しんだ。彼自身はニーチェが余り好きではではなかったが、彼もまたニーチェの様に時代精神と闘いつつ自らの没落を耐えた人ではなかったろうか。M・シュターダーが「世事に疎い愚人」と称したフルトヴェングラーだが、もしベートーヴェンが世渡りの巧みな常識人であったとしたらどうだろうか？　同じことがフルトヴェングラーにも言えるのではなかろうか？

芸術とは最も反社会的なもの、更に言えば超社会的なものなのだ。二〇世紀的な耳と運動神経ばかり良くて頭や心の方は全くお留守の現代のスター演奏家たちは二一世紀には既に過去の存在になってしまうであろう。コマーシャリズムに毒され、止まるところを知らぬ大衆化現象の前に個人の尊厳が脆《もろ》くも壊滅せんとしている今日、音楽の領域でフルトヴェングラーが打ち鳴らした警鐘並びに彼の確立した理念は高く評価されなくてはいけないと思う。

感情は所有されるが、愛は生起する。感情は人間のうちに住むが、愛はそうではなく、人間が自らの愛の内に住むのである。これは比喩ではなくて事実である。
即ち愛は「我」に付着して「汝」をただ内容や対象物として所有したりはしない。
愛は「我」と「汝」の間に存在するのである。

（M・ブーバー『我と汝』より）

（完）

「一九八〇年記」

●資料—四●

参考文献一覧

一 バッハ関係

・『バッハ』 角倉一朗著 音楽の友社 一九六三
・『バッハ』 L＝A・マルセル著（角倉訳） 白水社 一九六八
・『バッハ傾聴』 田中吉備彦著 法政大 一九六九
・『バッハ頌』 角倉一朗・渡辺健編 白水社 一九七二
・『J・S・バッハ』 角倉一朗監修 音楽の友社 一九七七
・『J・S・バッハ』 辻 荘一著 岩波書店 一九八二
・『バッハ＝魂のエヴァンゲリスト』 磯山 雅著 東京書籍 一九八五
・『J・S・バッハ』 礒山 雅著 講談社 一九九〇
・『マタイ受難曲』 礒山 雅著 東京書籍 一九九四

二 モーツァルト関係

・『モーツァルト』 海老沢 敏著 音楽の友社 一九六一
・『モーツァルト』 A・アインシュタイン著（浅井訳） 白水社 一九六一
・『モーツァルト頌』 吉田秀和・高橋英郎編 白水社 一九六六
・『モーツァルトの手紙』 吉田秀和編訳 講談社 一九七四
・『W・A・モーツァルト』 海老沢 敏監修 音楽の友社 一九七六

・『モーツァルトを聴く』　海老沢　敏著　岩波書店　一九八三
・『モーツァルト』　高橋英郎著　講談社　一九八三
・『素顔のモーツァルト』　石井　宏著　中央公論社　一九八八
・『モーツァルト』　吉田秀和著　講談社　一九九〇

三　ベートーヴェン関係

・『ベートーヴェン』　W・リーツラー著（筧訳）　音楽の友社　一九五五
・『ベートーヴェン』　大築邦雄著　音楽の友社　一九六二
・『ベートーヴェンの二〇〇年』　音楽の友社　一九六九
・『ベートーヴェン』　P・ベッカー著（太田黒訳）　音楽の友社　一九七〇
・『LVベートーヴェン』　門馬直美監修　音楽の友社　一九七六

四　音楽美学関係ほか

・『音楽と音楽家』　R・シューマン著（吉田訳）　岩波書店　一九五八
・『音楽美論』　E・ハンスリック著（渡辺訳）　岩波書店　一九六〇
・『音楽の美と本質』　張　源祥著　創元社　一九八一

五　エッセイ関係

・『主題と変奏』　B・ワルター著（渡辺訳）　白水社　一九六五
・『音楽と演奏』　同右（同右）　白水社　一九七三
・『ブルーノ・ワルターの手紙』　L・W・リント編（土田訳）　白水社　一九七六
・『音と言葉』　W・フルトヴェングラー著（芳賀訳）　新潮社　一九五七
・『音楽を語る』　同右（門馬訳）　東京創元社　一九六六
・『音楽ノート』　同右（芦津訳）　白水社　一九七二
・『フルトヴェングラーの手紙』　F・ティース編（仙北谷訳）　白水社　一九七二
・『フルトヴェングラーの手記』　W・フルトヴェングラー著（芦津・石井訳）　白水社　一九八三
・『回想のロンド』　K・ベーム著（高辻訳）　白水社　一九七〇

著者略歴・住所

苅田種一郎（本名 浅海哲夫）

1939 年　兵庫県芦屋市に生まる
学歴：1964 年　関西学院大学・法学部卒業
職歴：1964 年　住友化学工業（株）入社
1996 年　同　社　退社

退職後、'97 ～ '99 年　福岡市にてボランタリー活動として子供向けの塾と大人向けの教養塾を主宰（その記録が下記の著者第一作）。続いて、'01 ～ '03 年　大分県湯布院町にて同じくボランタリー活動として大人向けの教養塾を主宰（その記録が本書）。

著書：『余生は湯布の山懐で』文芸社（2002 年刊）

住所：〒 879-5114 大分県由布市湯布院町川北字高原 894-891
Tel & Fax : 0977-28-4350
E-mail : caritas@circus.ocn.ne.jp

我らが「湯布院・楽塾」の最良の日々
――至高のドイツ・クラシックへの誘い――

2006 年 9 月 20 日　初版第 1 刷発行

著　者　苅田種一郎
発行者　山本　栄一
発行所　関西学院大学出版会
〒 662-0891
兵庫県西宮市上ケ原一番町 1-155
電　話　0798-53-5233

Printed in Japan by Kwansei Gakuin University Press
ISBN:4-907654-92-8

http://www.kwansei.ac.jp/press/